인터넷 비즈니스 혁명

인터넷 비즈니스 혁명

1판 1쇄 인쇄: 2000년 11월 30일
1판 1쇄 발행: 2000년 12월 05일

발행인: 채윤기
발행처: 도서출판 나노미디어
    등록번호: 제 8-257호
    서울 은평구 응암동 91-3 동아빌딩 401호
    Tel 02)384-2797 Fax 02)384-2798
    홈페이지 http://www.nanomedia.co.kr

편집: 장선숙
표지: 이규대
인쇄: 경문인쇄
제본: 경문제책

ISBN 89-89292-00-x (03320)

정가 9,000원
* 잘못 만들어진 책은 교환하여 드립니다.

인터넷 비즈니스 혁명

사토 나오키 지음
정석배 옮김

나노미디어

Contents

서문 /16

제1장 확대일로의 인터넷 비즈니스 시장

1. 인터넷 관련 기업의 잇따른 주식공개 열풍 /20
미국의 신주공모 붐 /20

인터넷 관련 종목의 평가기준 /22

승산 있는 인터넷 지원 분야 /23

2. 대기업이 추진하고 있는 '인터넷 물류사업' /26
전자상거래 대부분은 대기업의 자재 조달 /26

인터넷 물류와 경비 절감 /27

3. 다양화하는 인터넷 비즈니스모델 /29
기업간 전자상거래의 빠른 성장 /29

최초의 인터넷 비즈니스 성공 방정식 /30

'재고' 없는 비즈니스모델 /31

CDNOW의 성공 요인 /33

정보중개비즈니스의 등장 /34

인터넷경매 /36

4. 시장 확대의 견인차, 인터넷 광고 /40

인터넷 광고 시장의 탄생 /40

인터넷의 전화번호부, 서치엔진 /42

서치엔진 비즈니스의 역할과 성과 /44

배너광고에서 스폰서쉽광고로 /45

스폰서의 기대에 못 미치는 배너광고 /47

5. 일대일 마케팅에 도전 /49

가능해진 광고효과 검증 /49

'트랜잭션 배너광고'의 등장 /50

6. 인터넷 비즈니스의 슬로건, '초기 고객 확보' /52

다음 목표는 판매수수료 /52

AOL의 '고객 확보' 전략 /54

7. 빠르게 확산되고 있는 전자상거래 시장 /57

미국의 전자상거래 시장 /57

크리스마스 매출전쟁 /59

제2장 인터넷 비즈니스의 성공 요인, 마케팅 전략

1. 고객 한 사람 한 사람을 위한 '일대일 마케팅' /62

네트워크에서의 응답률이 관건 /62

비즈니스의 변화와 VDBM /63

점포판매와 통신판매의 장점을 결합 /64

일대일 마케팅의 도구들 /66

2. 인터넷의 일대일 마케팅 기법 /68

가상점원이 개별고객을 접대 /68

인터넷마케팅 기법 ① 이메일의 자동화 /69

인터넷마케팅 기법 ② 고객프로필 연동 배너광고 /73

인터넷마케팅 기법 ③ 개인전용 홈페이지 /76

인터넷마케팅 기법 ④ 추천정보제공 서비스 /79

3. 인터넷 비즈니스 성공 사례 분석 /85

CDNOW: 일대일 고객서비스의 극대화 /85

온세일: 경매 과정의 실시간 통지 /88

카네보: 온라인과 오프라인의 효과적인 결합 /90

4. EMA는 최선의 마케팅도구인가 /93

각광받고 있는 EMA 소프트웨어 /93

EMA에 의한 마케팅 효과 극대화 / 94

EMA 도입의 성공 사례와 향후 전망 / 95

제3장 일본의 인터넷 비즈니스 현황

1. 시작 단계에 불과한 일본 EC 시장 / 98

미국에 크게 뒤떨어진 일본 시장 / 98

자금, 스피드, 노하우가 성공 요인 / 99

문제는 미숙한 마케팅 전략 / 100

2. 미국과 일본의 네트워크 환경 비교 / 102

인터넷에서 비즈니스 기회를 포착 / 102

미국의 벤처기업 환경 / 104

도전 정신이 가득 찬 학생들이 희망 / 105

3. 일본의 인터넷 비즈니스 현황 / 106

일본 인터넷 시장 규모는 2천만 명 / 106

B2B시장과 B2C시장 / 107

일본 인터넷 비즈니스의 현주소 / 108

자영 · 상공업자가 가장 취약 / 110

4. '네트워크직판' 과 '유통전문업체' /112

인터넷 비즈니스를 '혁명' 이라 부르는 이유 /112

비즈니스모델 파괴 /113

네트워크직판의 이점: 재고 감소와 비용 절감 /114

5. 인터넷 유통에 진출한 도매업 /117

유통부문에 대한 제조업의 시각 변화 /117

도매업의 새로운 네트워크 전략 /118

사무용품 업계의 과열 경쟁 /120

6. 인터넷 비즈니스가 주가를 결정한다 /124

인터넷 비즈니스와 주식시세 /124

소프트뱅크의 '시가총액 극대화 경영' /125

미국의 인터넷 비즈니스 재벌 /126

인터넷 관련주의 핵심, '성장성' /128

기관투자가들의 움직임 /129

인터넷 비즈니스 우량주의 선택 /131

제4장 인터넷 비즈니스의 현황과 과제

1. '가격파괴' 와 쇼핑에이전트 /134

염가판매야말로 최대의 판촉수단　/134

쇼핑 에이전트의 잇따른 출현　/135

인기 있는 역경매 및 공동구매 사이트　/137

자본주의 원리와 상인　/139

선발주자 따라잡기, 뛰어넘기　/140

두 마리 토끼, 고객만족과 염가판매　/142

2. 이메일 주소 쟁탈전　/143

이메일 주소도 판매상품　/143

법정고소로 이어지는 정크메일　/144

정크메일의 '숨겨진 수법'　/145

이메일 주소 수집용 '로봇'　/147

3. 개인정보 수집기술, 쿠키　/150

개인정보 수집과 '쿠키'　/150

'익명정보'와 '실명정보' 짜맞추기　/152

정체 불명의 소프트웨어　/154

4. 어필리에이트 프로그램의 강력한 도전　/156

영업거점으로서의 개인 홈페이지　/156

최대 장점은 신규고객 창출　/157

'바이러스 마케팅'의 전파 효과 / 160

비즈니스모델의 특허 분쟁 / 161

5. 인터넷 비즈니스의 수익모델 / 163

아마존의 사례 / 163

경영자와 기업가치 극대화 / 164

인터넷 비즈니스는 '수익체증형' 모델 / 165

이론과 현실의 격차 / 166

매각 목적의 비지니스모델 / 168

인터넷 비즈니스, 과연 거품인가 / 170

6. 비즈니스모델의 특허 / 173

아마존과 반스앤노블의 특허 분쟁 / 173

전기를 마련한 금융시스템에 관한 판례 / 174

미국 특허가 몰려온다 / 176

비즈니스모델 특허도 원가요인 / 177

제5장 인터넷 비즈니스 성공 전략

1. 인터넷 비즈니스 실패 사례의 교훈 / 180

이용자 증가, 접속 감소 / 180

이용자조사와 컨텐츠 업데이트 / 182

인기 있는 상점의 비결 / 184

웹마스터의 역할 / 185

2. 인터넷 비즈니스 시대의 정보 전략 / 186

경영혁신과 고수익 실현 / 186

BPR, ERP 실현의 핵심요소 : '사람과 전략' / 187

정보 처리에서 정보 활용으로 / 188

차별화 전략 / 190

정보화 시대의 3대 경영과제 / 191

정보 전략의 두 기둥, EC와 KM / 193

3. 아이디어보다 추진력이 중요 / 196

용맹한 지휘관과 엘리트 참모 / 196

아디디어 사업의 사례 / 197

아이디어를 구체화하려면: 웹사이트 평가 / 200

4. 서두르면 일을 그르친다. / 205

인터넷 비즈니스는 선발경쟁? / 205

데이터베이스활용형 네트워크판매 / 206

선발주자의 이점 / 208

후발주자에게도 승산은 있다　/209

언론매체의 활용 방법　/210

보도자료 작성 요령　/212

5. 실현 가능한 상장기업의 꿈　/215

벤처기업시장 '마자즈'의 태동　/215

마자즈에서 요구되는 '참신성'　/216

주식공개의 길잡이　/217

후기 성공하는 '비즈니스모델'을 찾아서　/222

서문

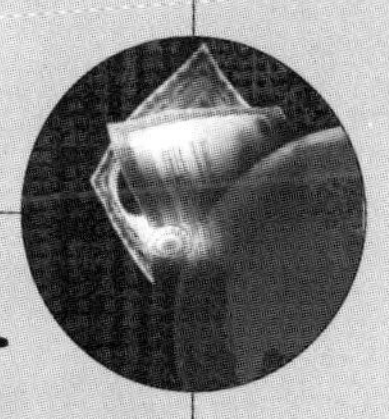

인터넷 비즈니스의 성패가
기업의 운명을 결정한다.

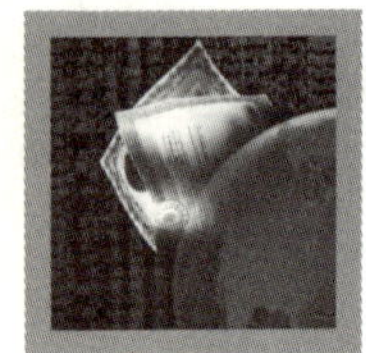 일본에서도 1999년 봄 현재의 인터넷 이용자가 1,500만 명에 달하는 것으로 관측되고 있다. 2000년에는 그 수가 더욱 급증하여, 일반적으로 '제품과 서비스가 폭발적으로 보급되는 분기점'이라고 일컬어지는 인구의 '16% 수준'을 넘어설 것이 거의 확실시되고 있다.

인터넷을 통해 소비자에게 직접 상품을 판매하는 통신판매의 경우에 국한해서 보더라도, 1998년까지는 소매거래의 0.02%에 불과했던 것이, 2003년에는 1%까지 빠르게 확대될 것으로 예측되고 있다. 즉, 5년이란 짧은 기간 동안 무려 50배나 성장할 것으로 예상된다는 것이다.

인터넷을 활용한 비즈니스, 그러니까 '인터넷 비즈니스'가 주목받기 시작한 것은 이미 오래 전이다. 지금은 각종 신문에 관련 기사가 실리지 않는 날이 하루도 없다고 해도 지나친 말이 아닐 정도가 되었다. 하지만 보는 시각에 있어서는 약간의 변화가 있는데, 예전에는 인터넷 비즈니스를 단지 새로운 사업, 또는 서비스로 취급하는 기업이 대부분이었지만, 최근에는 '인터넷 비즈니스 추진 = 경영전략 최우선 과제'라는 등식이 성립되고 있는 것이다.

그러나 인터넷 비즈니스를 추진하고 있는 모든 기업들에게, 장밋빛 미래만이 약속되어 있는 것은 아니다. 그것은 웹사이트 시스템의 고도화, 마케팅 비용 증가 등으로 인해, 인터넷 비즈니스에서 성공을 거두기 위한 막대한 선행투자가 필요해졌기 때문이다.

인터넷 비즈니스에 늦게 뛰어든 까닭에, 앞서 나가고 있는 라이벌 기업의 뒤꽁무니를 속수무책으로 바라보고만 있는 것처럼 자존심 상하는 일은 없다. 하지만 너무 서두른 나머지, 계산 착오로 사업을 철회할 수밖에 없는 사태가 전개되면, 그것은 더욱 뼈아픈 일이다. 바야흐로 인터넷 비즈니스에서의 성패 여부가 기업의 운명까지도 결정해 버리는 그런 시대가 도래한 것이다.

1999년 연말이 가까워지고 있을 무렵, 미국으로부터 상징적인 뉴스가 전해져 왔다. 청바지로 유명한 리바이스(Levi's)가 잔뜩 기대에 부풀어 착수했던 네트워크판매 사업을 불과 3개월 만에 철회하기로 결정하였으며, 마케팅담당 최고책임자를 포함한 몇 사람의 간부를 해고했다는 유감스러운 내용이었다.

기업들이 앞다투어 네트워크판매를 시작하고 있고, 크리스마스 시즌이 절반이나 지난 시점에서, 리바이스가 연내에 사업을 철회하기로 결단을 내리게 된 배경에 심각한 경영 위기가 깔려 있었음을 부정할 수는 없다. 그러나 준비가 불충분한 상태에서 너무 성급하게 인터넷 비즈니스를 추진한 것이 화근이 되어, 오히려 라이벌 기업과의 격차가 더욱 벌어지게 된 것에서 더 큰 원인을 찾을 수 있다. 네트워크판매가 호조를 보이고 그것이 매장의 매출 증대로 이어지는 상승 효과를 톡톡히 보고 있는 의류전문업체인 갭(GAP)과는 확실하게 명암이 갈리는 일이었다.

분명하게 말할 수 있는 것은, 인터넷의 보급에 의해 과거 그 누구도 경험하지 못했던 엄청난 대변혁의 물결이 밀어닥치고 있다는 점이다. 그런 만큼 기업 구조도 당연히 크게 영향을 받는다. 특히 비즈니스모델이 변화하고 더욱 다양해지고 있어서 새로운 사업 기회가 속속 모습을 드러내고 있다. '인터넷 비즈니스의 혁명기'가 개막된 것이다.

인터넷 비즈니스를 추진하는 데 있어서, 이미 앞서 달려가고 있는 미국의 사례를 연구하는 것이 적지 않은 도움을 줄 것으로 생각된다.

이 책에서는 인터넷 비즈니스란 과연 무엇이고, 미국에서 폭발적으로 성공하고 있는 이유는 과연 무엇인지, 그리고 다른 한편으로 일본의 현실은 어떠하며, 인터넷 비즈니스에서 성공하기 위한 조건은 무엇인지를 고찰하게 될 것이다.

이 책이 앞으로 인터넷 비즈니스에 도전하고자 하는 일본의 경영자, 비즈니스맨, 기업가들에게 조금이나마 도움될 수 있다면, 그 이상 바랄 게 없을 것이다.

2000년 1월
사토 나오키

1

확대일로의 인터넷 비즈니스 시장

1. 인터넷 관련 기업의 잇따른 주식공개 열풍

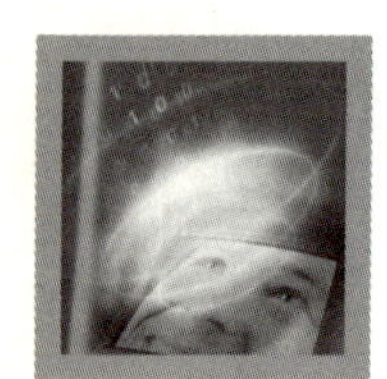

미국의 신주공모 붐

1999년은 한 마디로 인터넷 비즈니스 분야의 기업공개 열풍이 불어닥쳤던 한 해라고 표현할 수 있다. 미국의 인터넷 비즈니스 관련 상장기업은 빠르게 확대되어 200개사를 돌파하기에 이르렀다. 1998년 27개사에 불과했던 것을 생각하면, '폭발'적이라는 말도 크게 과장한 것은 아닐 것이다.

물론 신주공모 기업에는 인터넷 관련 기업만 있는 것은 아니겠지만, 1999년의 전체 신규 주식공개 기업 가운데 40%를 차지한 것을 보면, 앞의 말을 충분히 뒷받침하고도 남음이 있다. 역시 1998년의 구성비가 7%였던 것에 비교하면 괄목할 만한 수치임에 틀림없다.

1999년도 주식공개 기업 중에는 일본에서도 그 이름이 잘 알려진 기업이 상당수 포함되어 있다. 그 가운데 몇몇을 소개하면, 소비자 지향의 서비스 분야에 해당하는 것으로서, 온라인 증권회사 DLJ다이렉트(DLJDirect), 대형 온라인 서점인 반스앤노블(barnesandnoble.com), 완구 가상 상점인 이토이즈(eToys), 항공권 역경매로 유명한 프라이스온라인(priceonline.com) 등을 꼽을 수 있다.

그리고 또 한 가지 빼놓을 수 없는 것이 있다. 그것은 다름 아니라 일본

의 ISP인 IIJ가 미국 나스닥 시장에 등록했다는 사실이다. 일본에서는 1999년에 개설된 도쿄 증권거래소의 마자스(東證マザーズ)에 이어, 2000년에는 나스닥재팬이 개장할 예정이지만, 글로벌한 규모로 사업 전개를 구상하고 있는 기업 입장에서는 미국 주식시장에서의 상장이 갖는 의미는 아무래도 클 수밖에 없다. 앞으로 IIJ의 뒤를 잇는 일본 기업들이 속속 등장할 것으로 기대된다.

나스닥의 신규 공모주에 있어서는, 고속 네트워크서비스를 제공하는 아카마이테크놀러지(Akamai Technologies)의 경우 상장가 상승률의 기록을 갈아치우는 등, 성장이 기대되는 테크놀로지 관련 기업 종목이 꾸준한 인기를 유지하고 있다.

한편 소비자를 위한 판매 및 서비스 기업 가운데 돌연 중도에서 탈락해버리는 기업도 적지 않다. 플라워숍으로 유명한 1-800-flower.com이나 패션 분야의 패션몰닷컴(Fashionmall.com) 등은 공모가 이하로 약세를 면치 못하고 있다.

흔히 '인터넷 관련주'라고 통틀어 말하고 있지만, 사실 그것에는 다양한 업태가 존재한다. 미국 투자가들은 이미 냉철한 시선으로, 인터넷 판매 즉, 온라인 쇼핑을 주력으로 하고 있는 기업들을 선별하기 시작했다.

여기서 잠깐 참고 삼아 야후의 창업자인 제리 양이 1996년 7월 어느 강연에서 말한 내용 일부를 정리한 것을 살펴보기 바란다. 이것은 네트워크 관련 기업이 어떤 순서로 주식공개를 하게 될 것인지 예측한 것이다.

제리 양이 제시한 예상 순위에는 '온라인 쇼핑'이라는 분류가 포함되어 있지 않다. 그 이유는 다음과 같이 생각할 수 있다. 당시 소매업을 병행하고 있는 대기업들이 이미 네트워크 판매 분야에 진출해 있었기 때문에, '네트워크 판매 사업만으로는 주식공개를 행할 정도의 시장이 형성되지 않는다'고 판단했을지도 모른다. 아니면 단순히 '소매업은 네트워크 관

1. Service Provider

   인터넷 접속서비스를 제공하는 ISP

2. Software Tool

   브라우저, 플러그인 등을 개발하는 기업

3. Navigation Service

   정보검색을 지원하는 디렉토리서비스 및 서치엔진

4. Commerce Enabler

   시큐리티 등 비즈니스 시스템 제공. 전자화폐 등.

5. Online Service

   이전의 PC통신서비스가 인터넷 분야에 진출

련 비즈니스가 아니다'라고 생각했을지도 모르겠다. 하지만 이것은 어디까지나 필자의 추측일 뿐, 자세한 것은 분명치 않다.

어쨌든 서둘러 주식을 공개한 야후 창업자의 예측이라는 점에서도 그렇지만, 현실과 비교해가면서 내용을 재음미해 보면 매우 흥미롭다.

인터넷 관련 종목의 평가기준

'인터넷 비즈니스 관련주'가 너무 과열된 것은 아닐까하고 생각할 수도 있겠지만, 일본에서도 미국 주식시장에 관심 있는 사람이 증가하고 있는 만큼, 필자 개인의 견해라는 점을 전제로, 주목해야 할 대상의 선별기준에 대해 언급할 필요가 있을 것 같다. 주목대상을 가려 내는 기준은 단순하다. 만일 필자에게 여유자금이 있다면 한번쯤 투자해 보고 싶은 종목을 골랐다고 보면 좋을 것이다.

1999년 일본의 컴퓨터 출하대수가 1천만 대를 돌파했다고 한다. 이것쯤은 누구라도 신문을 통해 쉽게 알 수 있는 정보다.

문제는 '컴퓨터 보급으로 인해 돈을 버는 것은 어떤 기업인가'를 생각해 보는 일이다. 이 물음에 대해 자신 있게 '컴퓨터용지를 제조하는 기업'이라고 대답한 컨설턴트도 있다.

이 말에는 컴퓨터가 '종이 없는 사무실'을 실현한다는 것이 전적으로 허구라는 점을 비난하는 뜻도 담겨 있을 것이다. 하지만 결국 컴퓨터를 더 많이 사용하면 할수록, 그만큼 소비되는 컴퓨터용지에 대한 수요도 팽창할 것이라는 지극히 당연한 예측에 기초하고 있기 때문에, 일리 있는 대답이라고 볼 수 있다.

이 정도까지 생각하는 데에는 별 무리가 없지만, 정작 그 다음이 더욱 중요하다. 앞의 예를 현재의 인터넷 비즈니스 상황에 적용하여 한번 생각해 보자. '인터넷 비즈니스에 진출하는 기업이 증가하면 할수록, 수요가 확대되는 상품, 또는 서비스'는 과연 무엇일까?

그 대답은 '인터넷 비즈니스 지원 분야'이다. 인터넷 비즈니스의 시장 전체가 확대되는 것은 물론, 장래성 또한 다른 것에 비해 발군의 면모를 갖춘 것만큼은 틀림없다. 그러나 개별 기업의 차원에서 보면 경쟁이 심화되는 과정에서 승자의 편에 서는 것이 그리 만만한 일은 아닌 것이다

승산 있는 인터넷 지원 분야

사실 이 책에서 다루고자 하는 주제 가운데 하나는, 인터넷 비즈니스 분야에서 성공하려면 무엇을 해야 하는가에 대한 것이다. 그런데 주제와는 다소 거리가 멀다고 느낄지 모르겠지만, 인터넷 비즈니스를 지원하는 기술 및 서비스 관련 기업 중에서도 성공을 거두고 있는 것들이 의외로 많다. 극단적으로 표현하면, 인터넷 비즈니스에 있어 성공의 지름길은 인

터넷 지원 분야에서 적절한 파트너를 선정하여 그 기업을 효과적으로 이용하는 것이라고까지 말할 수 있다.

인터넷 비즈니스, 특히 소비자를 대상으로 하는 기업으로서는, 네트워크 상에서 존재한다는 사실 자체를 확실하게 인식시키는 것이 무엇보다 선결과제이다. 다시 말해, 타겟으로 상정하고 있는 집단이 기업의 웹사이트 존재 사실을 알고 있어야 한다는 말이다.

이 목적을 단기간에 달성하려면, 특징을 한눈에 알아볼 수 있는 배너광고나 이메일을 활용한 마케팅 등이 필요하다.

더구나 네트워크 판매에 있어서는 잠재고객의 확보(Lead Generation), 고객관계의 지속(Retention), 고객지원 서비스 등 마케팅 전문가의 지원을 받지 않으면 안 될 무수한 업무가 도사리고 있는 것이 보통이다.

지금 언급하고 있는 업무들에 대해 보다 자세한 내용을 알고 싶다면, 다음과 같은 기업들을 살펴보는 것이 좋을 것 같다. 대상은 1999년에 주식을 공개한 기업들 중에서 골라 보았다. 먼저 고객지향형 기술(Recommendation : 고객의 기호를 유추하여 구체적인 상품이나 서비스를 추천)을 잘 구사하고 있는 넷 퍼셉션(Net Perception)이나 인게이지 테크놀러지(Engage Technologies)를 들 수 있다. 또한 이메일 활용 기술이 뛰어난 크리티칼 패스(Critical Path), 이메일 자동화 기술이 앞선 디지털 임팩트(Digital Impact), 광고형 이메일 발송시스템으로서 매력적인 M&A 타겟이 되고 있는 예스메일(yesmail.com) 등이 주목을 받고 있다.

한 걸음 더 나아가 앞에서 열거한 기업들을 하나 하나 인수해 가면서, 고객프로필에 기초한 배너광고를 행하는 등 종합적인 직접마케팅 기업으로 변모하고 있는 더블클릭(Double Click)이나 MGI 등의 동향에도 눈을 떼서는 안 될 것이다.

인터넷 비즈니스 관련 기업은 새로운 장벽에 부딪히는 경우, 메뉴 개편을 통해 새로운 서비스를 추가하곤 한다. 그것을 가만히 지켜보면, 역으로 그 기업이 어떤 문제와 장애에 직면하고 있는가를 알 수 있다.

처음부터 해설을 필요로 하는 용어와 고유명사가 두서 없이 등장하여 다소 혼란스러울지도 모르겠다. 하지만 중요한 핵심사항들에 대해 다음 절부터 상세하게 다루어 나갈 것인 만큼, 독자의 이해를 구한다.

2. 대기업이 추진하고 있는
'인터넷 물류사업'

 **전자상거래의 대부분은
대기업의 자재 조달**

구체적인 수치는 차차 소개하게 되겠지만 일본에서도 이미 전자상거래는, 통산성의 추정에 따르면, 시장 규모가 1998년 현재 8조6천억 엔을 상회할 만큼 크게 성장하고 있다.

그런데 전자상거래 시장의 99% 이상을 이른바 B2B(혹은 BtoB)라고 불리우는 기업간 전자상거래가 차지하고 있다.

이를 업종 면에서 살펴보면, 특히 전자·정보 부문과 자동차 및 부품 업종이 전체 시장의 90% 이상을 점유하고 있다. 전자·정보 및 자동차라고 하면, 일본을 대표하는 산업으로서, 몇몇 대기업이 과점시장을 형성하고 있는 것이 작금의 현실이다.

한 마디로 말해, 일본에서 이루어지고 있는 전자상거래의 대부분은 이들 대형메이커의 자재조달에 다름 아니다. 특히 자동차산업은, 전통적으로 일본의 '케이레츠(ケイレツ: 系列)시스템'이나 '칸반(カンバン: 看板)방식'이 외국에서도 평가받을 정도로, 매우 특징적인 물류시스템을 보유하고 있다. 이것이 점차 인터넷으로 대체되고 있으며, 거대한 전자상거래 시장으로 변모하고 있는 중이다.

2000년 1월 말 경 마쓰시다전기산업 그룹의 주요 11개사가 '2001년 3월을 목표로, 자재조달의 대부분을 네트워크상의 거래로 교체한다'는 계획을 발표하였고, 이 소식은 닛케이신문(日經新聞)의 헤드라인을 화려하게 장식하였다.

보도에 따르면 조달액 전체의 98%을 점하고 있는 대형 거래처 3,000개사를 대상으로 2001년 4월부터 자재조달의 수단을 전화 및 팩시밀리로부터 인터넷으로 서서히 바꾸어 나간다는 내용이었다. 이를 금액으로 환산하면 총 2조2천억 엔에 이른다고 한다.

인터넷 물류라는 말은 아직까지 크게 확산되지 않았지만, 주문처리는 물론이고, 견적, 납품확인, 청구서 발행 등 전반적인 업무를 인터넷을 경유하여 수행하는 것을 의미한다. 연전에 일시적으로 유행했던 EDI(전자문서교환)를 인터넷기술을 활용하여 구현한 것이라 할 수 있는데, 거래처에서 단말기와 브라우저만 갖추고 있으면 웹사이트를 통해 필요한 정보를 입력하는 것으로 모든 것이 해결되기 때문에 '웹 EDI'라고도 불리우고 있다.

마쓰시다전기는 인터넷을 통한 자재조달로 옮겨가기 위해 필요한 시스템을 개발하는 데 약 15억 엔을 투자할 예정인데, 업무효율화로 인한 비용절감 효과도 그 만큼 클 것으로 기대하고 있다. 또한 일본 내 물류시스템의 네트워크화가 정비되는 대로 해외 자재조달 부문(연간 8, 9천억 엔)에도 순차적으로 도입할 계획으로 알려져 있다.

인터넷 물류와 경비 절감

과연 인터넷에 의존한 물류가 큰 폭의 경비 절감을 이루어내고 있는 것일까? 그 대답은 다음과 같은 세 가지 측면에서 찾을 수 있을 것 같다.

먼저 거래전표나 청구서 등 각종 서식의 디지털화에 의한 '업무처리의 효율화'를 들 수 있다. 다음으로는 거래처의 재고현황을 정확하게 파악하는 한편 소량발주가 가능해지는 등 '재고부담의 감소' 효과가 있다. 실제로 마쓰시다에서는 현재의 재고수준을 반감시킬 수 있을 것으로 기대하고 있다. 셋째로 견적업무와 입찰제도의 간소화 및 거래처간 자유경쟁 촉진에 따른 '조달가격의 인하'를 생각할 수 있다.

이렇게 볼 때 대기업의 입장에서는 인터넷 물류가 유익하다는 것에 대해 이론의 여지가 없겠지만, 거꾸로 거래처나 하청기업의 편에서는 점점 더 경쟁이 치열해지고 수익률은 저하될 것이 예상된다.

업종을 가리지 않고 거의 모든 대기업들이 인터넷 물류시스템으로 전환해 가고 있는 것은, 그것이 가장 안전하면서도 직접적인 효과를 기대할 수 있는 '인터넷 비즈니스'이기 때문일 것이다. 앞서 언급한 통산성의 추정치를 다시 인용하자면, 일본에서의 기업간 전자상거래 규모는 2003년에 68조 엔에 이를 것으로 전망되고 있다.

3. 다양화하는 인터넷 비즈니스모델

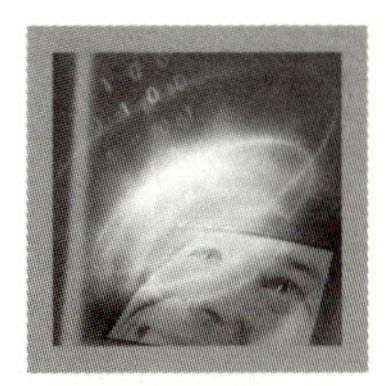

기업간 전자상거래의 빠른 성장

일반적으로 인터넷 비즈니스 또는 전자상거래(EC : Electronic Commerce)라는 용어를 접하면, 통신판매나 온라인쇼핑 등을 연상하는 사람이 많을 것으로 생각된다. 확실히 지금까지도 '협의의 EC는 온라인쇼핑을 가리키는 것'이라고 쓰여진 책들이 적지 않은 것이 사실이다.

그런데 실제에 있어서는 앞에서 설명한 것처럼, 인터넷 비즈니스 시장 전체를 살펴볼 때, 소비자에게 직접 판매하는 '네트워크 판매' 즉 B2C (Business to Consumer)보다, 자재조달 및 도매 등을 포함하는 기업간 거래인 B2B(Business to Business) 관계가 압도적으로 많다.

더욱이 소비자를 직접 상대하는 경우라 할지라도, 비즈니스 형태를 자세히 들여다보면, 단순히 '소비자를 대상으로 제품 및 서비스를 판매'하는 유형만 존재하는 것이 아니라는 점을 금새 알아차릴 수 있을 것이다. 한 가지 주의할 것은 귀중한 정보나 서비스를 무료로 제공하고 있다는 이유에서, 일반 이용자들이 '자발적으로 운영되는 웹사이트'로 착각하는 경우가 제법 적지 않다는 점이다.

그러나 알고 보면 이러한 '무료정보서비스' 웹사이트들도 엄연히 광고료나 중개수수료 등에 의존하여 운영되는 인터넷 비즈니스모델의 한 가지임에 틀림없다.

최초의 인터넷 비즈니스 성공 방정식

서치엔진을 예로 들어 설명하는 것이 가장 좋을 것 같다. 최근에 와서는 '포탈'이라는 이름으로 불리우고 있고, 온라인 쇼핑몰을 운영하는 데에도 힘을 기울이고 있지만, 처음 등장할 무렵만 하더라도 인터넷 이용자를 대상으로 순수하게 네비게이션(Navigation) 정보를 무상으로 제공하는 웹사이트에 지나지 않았다.

서치엔진에 데이터가 대량으로 집적되면 시스템 구축비용이 비약적으로 증가한다. 그 이유는 방대한 데이터를 순식간에 전문 검색할 수 있는 강력한 데이터베이스엔진과 충분한 메모리가 필요하기 때문이다. 당연한 말이겠지만, 그것을 유지하기 위한 인건비와 회선사용료 등도 대규모 선행투자가 요구되는 부분이다.

이런 사실에도 불구하고 서치엔진 사이트를 개편하여 새롭게 발전시키는 데, 억단위의 벤처캐피탈이 별 망설임 없이 간단하게 투자되었다. 그 이유는 무엇일까? 그것은 다름 아니라 배너광고에 의한 광고료 수입을 기대할 수 있었기 때문이다. 현재 이용자의 지지를 획득하고 있는 서치엔진들은 광고료 수입을 신장시키고 있을 뿐만 아니라, 주식공개를 하느냐 마느냐 하는 행복한 고민에 빠져 있다. 벤처캐피탈이 투자했던 자본을 유유히 회수하였음은 두말 할 나위도 없다.

인터넷 광고 시장에 대해서는 뒷부분에서 상세하게 다룰 기회가 있기 때문에, 여기서는 이 정도만 언급하기로 하겠다.

어쨌든 초창기 '서치엔진' 비즈니스는 인터넷 비즈니스에 있어 한 가지 성공 패턴을 확립시킨 공로자임에 틀림없다. 요컨대, 인터넷 비즈니스는 이용자의 지지를 획득할 수만 있다면, 비록 이용자로부터의 직접적인 수입이 없다고 할지라도, 광고료 수입에 의해 비즈니스가 성립될 수 있다는 점을 알 수 있는 것이다.

이 절의 서두에서 꺼냈던 이야기로 돌아가 보자. 이제 독자들은 인터넷 비즈니스에 제품의 판매가 반드시 개입되지 않는다는 점에 대해 어느 정도 이해하게 되었을 것이다. 그럼에도 불구하고, 소비자에게 직접 제품을 판매하는 것이 상거래의 기본이라는 점만큼은 아무런 변화가 없다.

그렇다면, 제품의 판매 즉, 네트워크판매 또는 온라인쇼핑은 어떤 방향으로 진행되고 있을까 하는 의문이 자연스럽게 제기된다.

'재고' 없는 비즈니스모델

인터넷 비즈니스의 가장 큰 매력이야말로 '저비용으로 운영할 수 있다는 것'이라 단언하는 사람도 있다. 인터넷 비즈니스에서는 모든 것이 가상의 네트워크 위에서 이루어지기 때문에, 점포는 물론이고 구매자를 상대할 점원도 필요없을 뿐만 아니라 재고를 갖지 않고도 얼마든지 상거래를 시작할 수 있다는 것이, 보통 근거로서 제시되는 이유들이다.

인터넷 비즈니스의 사업 내용을 전적으로 똑같이 현실 세계에 적용한다면, 틀림없이 막대한 비용이 수요될 것이다. 네트워크판매의 선구자적 존재인 미국의 CDNOW는 25만 개에 달하는 방대한 양의 CD 타이틀을 취급하고 있음에도 불구하고, 단 한 개의 재고도 보유하고 있지 않다. 여기에는 도대체 어떤 비결이 숨겨져 있는 것일까?

사실은 다음과 같다. CDNOW는 음반 CD와 비디오를 취급하는 대형 도매업체인 밸리미디어(Valley Media)와 제휴관계를 맺고 있어서, 인터넷을 통해 접수된 주문은 즉시 밸리미디어의 주문처리시스템으로 전송된다. 따라서 CDNOW의 웹사이트에서 보여지는 상품정보는, 사실상 밸

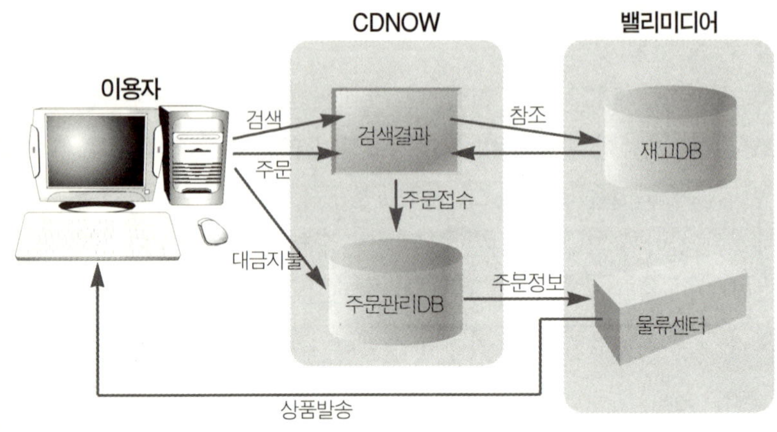

리미디어의 데이터베이스에 저장되어 있는 것이다. 덧붙여 말한다면 밸리미디어는 이 **CDNOW** 뿐만 아니라 아마존 등과 같이 네트워크판매를 하고 있는 100여 개 이상의 회사에 대해 '물류센터'로의 배후적 역할을 담당하고 있다. 네트워크를 통해 판매되는 **CD**의 약 70% 정도가 이 회사의 창고를 경유하고 있는 것으로 알려지고 있다.

그러니까 바로 이 밸리미디어의 존재로 인해, **CDNOW**는 일체의 재고 부담을 지지 않는 네트워크판매를 특화할 수 있었던 것이다.

하지만 이런 종류의 사업형태는 그다지 새로울 것이 없다. 일본에서도 동일한 방법, 즉 재고 부담을 피하면서 네트워크로 수주를 하고, 메이커에서 제품을 직접 배달시키는 방법으로 판매하고 있는 사이트들도 얼마든지 발견할 수 있다. 따라서 누구나 쉽게 모방할 수 있다고 생각할지 모르겠으나, 그리 간단한 문제가 아니다. 왜냐하면 그런 웹사이트의 경우, 고객(소비자)과 메이커 또는 도매업자 사이에 이미 접점이 형성되어 있기 때문이다. 고객관계 유지에 미흡한 판매업자는 필경 '고객이 정보제공을 거부하는' 난관에 봉착하기 마련이다.

CDNOW의 방식은 '재고가 없으면서도, 대금을 결제받는 형태'라고 표현할 수 있을 것이다. 속된 말로 돈은 회사에서 챙기고, 상품은 도매업자로부터 발송되기 때문에, 유통에 따르는 수고를 할 필요도 없고, 보관에 신경 쓸 필요도 없다. 한 마디로 안전한 방식이라고 할 수 있다.

그러나 다른 한편으로 인터넷에서는 '재고는 물론이고 대금결제도 적절치 않다. 다만 영업만이 있을 뿐'이라는 기치를 내건 비즈니스모델이 대두하여, 서서히 그 세력을 확장해 가고 있다. 직접 물건을 팔지는 않지만, 이른바 소비자로 하여금 구매의사를 결정하는 데 필요한 정보를 제공한다고 하는 사고방식이다.

CDNOW의 성공 요인

메이커나 도매업자와 제휴관계를 맺고 있다면, '무재고' 네트워크 판매가 그다지 어려운 일은 아닐 것이다. 고객으로부터 주문받은 상품을, 바로 메이커 또는 도매업자에게 발주하면 된다.

그러나, 재고 없이 판매하는 데에는 제거하지 않으면 안 될 몇 가지 장애가 존재하게 마련이다. 그것을 대략 나누어 보면, ① 재고확인, ② 배송, ③ 대금결제라고 할 수 있다

이 세 가지 장애는 다름 아닌 고객관리와 밀접한 관계가 있다. 인터넷을 통해 주문을 하는 사람의 입장이라면, '주문이 확실하게 접수되었는지, 주문한 물건의 재고는 있는지, 그리고 언제쯤 배달될 것인지'를 바로 알지 못할 경우, 틀림없이 불안해질 것이다. 만일 웹사이트에 올라와 있는 주문용지에 애써 필요한 사항을 기입하여 주문을 마쳤는데, 이틀이 지난 후에 "죄송합니다. 주문하신 제품은 품절되었습니다"라는 답신을 받았다면 과연 어떤 생각이 들까? 그런 경험을 한 고객이 그 회사에 주문하

는 일은 결코 두 번 다시 없을 것이다.

그러므로, 비록 재고 없이 판매한다고 말한다고 해서 재고의 확인조차 이루어지지 않는다는 것을 의미하지는 않음을 유의할 필요가 있다.

앞서 언급한 CDNOW의 경우, 상품데이터베이스로부터 실시간 재고확인이 가능하기 때문에, 고객이 웹사이트에서 제품을 주문한 순간 '재고가 있다'는 사실을 확인할 수 있으며, 제품운송 시까지 주문 내역이 기억되어 차질 없이 배달할 수 있도록 되어 있다. 이것은 물류를 전담하고 있는 밸리미디어의 데이터베이스와 온라인으로 연결되어 있기 때문에 실현 가능한 것이다. CDNOW의 창업자는, 한 잡지에서, 이러한 온라인시스템을 구축하는 데에만 약 5천만 엔의 초기 비용이 소요되었다고 밝힌 바 있다.

요컨대, 밸리미디어와 긴밀한 제휴관계를 구축했다는 점이야말로 CDNOW의 가장 큰 성공 요인이라 말할 수 있을 것 같다.

정보중개비즈니스의 등장

그러면 앞서 살펴본 경우처럼 메이커 또는 도매업자와 긴밀하게 연결되어 있지 않다면, 즉, 온라인으로 주문정보를 처리할 수 있는 시스템을 일시에 구축할 만큼의 자본을 투자할 수 없는 경우에는 어떻게 해야 할까?

한 가지 해답은 '대금결제를 포함하여, 모든 거래가 메이커, 도매업자와 고객 사이에서 직접 이루어지는 형태'를 그대로 유지하는 것이다. 다시 말해 재고를 유지하지도 않고, 결제 과정에도 전혀 개입하지 않는다. 그 대신 사전에 체결된 계약 조건에 근거하여, 고객 구매로 결과가 나타낼 때에는 일정한 수수료를 지급받는 것이다. 이것이 바로 정보중개 (Infomediary)라고 불리어지는 비즈니스의 기본 핵심이다.

인터넷 비즈니스의 세계에서는 현재 치열한 고객 쟁탈전이 전개되고 있다. '어쨌든 지금부터라도 고객 하나 하나를 확보해 두면, 그 자체만으로도 비약적인 수익 증대의 토대가 될 것이다'라는 생각에 기초하여 단계를 밟아가고 있는 것이다. 이에 따라 인터넷 비즈니스를 전개하고 있는 기업 중에는, 거의 총 매출에 가까운 막대한 비용을 신규고객 유치를 위한 판촉 활동에 쏟아 붓는 것들도 드물지 않다.

한편 네트워크에서의 지명도를 확립하는 데 목표를 두고 있지만, 노하우 부족 등으로 인해 혼자 힘으로는 어찌할 수 없는 경우가 있다. 이런 상황에서는 자사의 영업을 마케팅 전문가에게 의뢰하는 방법을 생각할 수 있다. 마케팅은 그 범위가 대단히 넓기 때문에 한 마디로 잘라 말할 수 없지만, 아무튼 '성공할 경우 보수를 받는 조건으로, 고객 유치를 대행해 주는 기업'에 대한 요구가 높게 나타나고 있다. 독자적으로 고객 유치를 하게 될 경우, 인터넷 광고 등의 판촉 비용이 눈덩이처럼 불어나는 것은 불을 보듯 뻔한 일이다. 그보다는 외부의 힘을 빌어 연결된 고객이 실제로 제품을 구입할 경우(고객 유치가 성공할 경우), 대금의 10% 정도 되는 수수료를 지불하는 편이 비용 면에서 유리하다는 계산이 바닥에 깔려 있는 것이다.

결국 정보중개비즈니스는 네트워그 판매를 행하고자 하는 기업을 위해 마케팅을 아웃소싱해 주는 사업 형태라고 볼 수 있을 것 같다. 그러나 한 가지 유의할 것은, 특정 브랜드나 메이커에 한정하지 않고, 고객이 요구하면 어떤 것이라도 취급한다는 사실인데, 이 점이야말로 '인터넷의 성격'을 반영한 것이 아닌가 한다.

예를 들어 정보중개비즈니스의 선두 주자 가운데 하나인 자동차 판매 사이트를 살펴보자. 이런 곳에서는 자동차를 구입하고자 하는 동기와 목적에 맞게 여러 차종에 관한 정보를 비교해 볼 수 있다. 뿐만 아니라 여

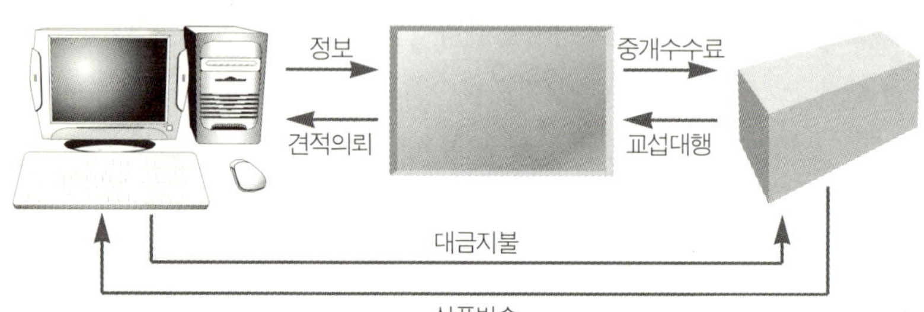

러 차종에 대해 여러 판매업자들로부터 견적을 받아 보는 것도 가능하다. 결과적으로 웹사이트에 등록된 자동차 판매업자 사이의 자유로운 경쟁을 통해, 고객이 가장 만족하는 조건으로 자동차를 구입할 수 있게 된다.

정보중개사이트를 운영하는 기업의 입장에서 보면, 고객이 만족스럽게 구입하기만 한다면, 어떤 판매업자를 통해 구입하든 전혀 상관이 없다. 여하튼 구매가 성사되면 수수료가 지급되는 구조이기 때문에, 특정 메이커 또는 차종을 고집할 하등의 이유가 없다.

현재 인터넷에서의 정보중개는, 복수견적을 받는 것이 일반화되어 있는 자동차, 보험, 이사화물 운송, 부동산, 구인·구직 등의 분야에서 빠른 속도로 확대되고 있다.

인터넷 경매

최근 온라인 위에서 이루어지는 경매, 즉 '인터넷 경매'는 인터넷 비즈니스 중에서도 가장 성공을 거두고 있는 것 가운데 하나다. 1998년에는 이베이(eBay)가 주식을 공개하여 화제를 불러일으키기도 하였지만, 인

■ 온세일과 이베이의 비교

	온세일	이베이
대금결제	온세일에서 지급	판매자에게 직접 지불
판매자	기본적으로 업자에 한함.	개인도 허용
회사책임	상품확인, 발송 책임	상품에 대한 사전확인 없음
		분쟁발생시 당사자간 해결

터넷 경매의 선구자라고 말할 수 있는 것은 온세일(Onsale)이다.

이 회사는 1994년에 설립된 이래 업계 리더의 자리를 놓치지 않았으며, 1998년에는 컴퓨터 관련 제품을 중심으로 2억5천만 달러의 매출고를 기록했다. 그리고 1999년 2월에는 atCost라고 불리우는 새로운 서비스를 제공하기 시작했는데, 이것은 명칭 그대로 매입가로 소비자에게 상품을 판매하는 서비스다. 컴퓨터 및 관련 상품 전반을 취급하는 테크데이터(TechData)와의 제휴를 통해 이러한 서비스를 실현할 수 있었는데, 매입가에 우송료, 신용카드 수수료 등의 제비용(5~10달러)을 더한 금액이 판매가로 게시된다.

이것은 경매사이트에서도 일반 물품을 쇼핑하는 것이 가능하다는 생각을 갖도록 유도하는 데 목적이 있는 것으로 보인다. 물론 이베이 등 경쟁회사와의 차별화를 꾀한다는 의미도 있을 것이다.

온세일의 일대일 고객관계는 무엇보다도 이메일의 자동화에서 그 특징을 찾아 볼 수 있다. 웹사이트에서 회원으로 등록하면, ID와 비밀번호를 부여받아 경매에 입찰할 수 있는데, 현재 최고가보다 높은 금액이 아니면 입찰이 불가능하도록 되어 있다. 만일 최고가 이상의 금액을 제시하면 최

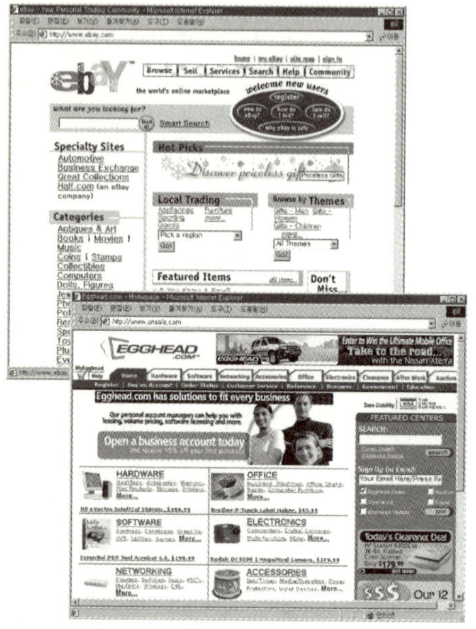

고가의 갱신 사실과 함께 입찰자의 아이디가 웹사이트에 반영된다.

입찰자의 입장에서 보면 자신의 입찰가가 언제까지 최고치를 유지할 것인가에 관심을 기울이는 것은 당연한 일이다. 그런데 온세일 시스템에 서는, 자신보다 높은 입찰가를 제시한 사람이 나타났을 때, 그 사실이 이 메일을 통해 자동적으로 통지된다. 메일을 접수한 입찰자는 더 높은 가격 을 제시하든지, 아니면 경매를 포기하든지, 차분히 여유를 가지고 결정을 내릴 수 있다. 즉, 입찰 후 모니터 앞에 꼼짝 못하고 매달린 채 번거롭게 화면을 갱신할 필요가 없는 것이다.

이번에는 이베이의 경우를 살펴보자. 이베이는 일반적으로 경매사이트 로 알려져 있으나, 회사가 물건의 매매 과정에 개입하는 것은 아니다. 즉, 최고가를 제시한 입찰자가 '경매품'에 대한 구매권을 획득하는 단계까지만 서비스를 제공할 뿐이고, 일단 낙찰자가 결정되면 그 이후는 당사자들끼리의 거래에 맡긴다.

이베이의 가장 큰 특징은 경매 품목이 방대하다는 점이다. 항상 1백만 점에 가까운 품목이 경매에 붙여지고 있으며, 1일 10만 건 정도의 입찰이 실시되고 있다.

입찰 기간은 평균 일 주일 정도로, 매일매일 확인하지 않으면 구매를 희망하는 경매 품목을 놓쳐 버릴 가능성이 높다.

그러한 불편함을 해소하기 위해 이베이가 고안해 낸 것이 이메일 고지 서비스이다. 구매자가 사전에 '흥미 있는 품목'을 등록해 두고, 만일 관심 품목 가운데 새로운 물건이 경매에 붙여지면, 그 때마다 자동적으로 이메일을 발송해 주는 서비스이다. 이메일에는 경매품에 대한 정보를 담고 있는 전용 URL이 적혀 있기 때문에, 한 번의 클릭으로 쉽게 정보를 검색할 수 있다.

이러한 서비스 덕택에 매번 이베이의 웹사이트에 방문하지 않으면서도, 이메일이 도착하면 그 때서야 비로소 그 내용을 살펴보고 웹사이트에 접속하여 입찰에 응하는 이용자들이 증가하고 있는 추세다.

4. 시장 확대의 견인차,
인터넷 광고

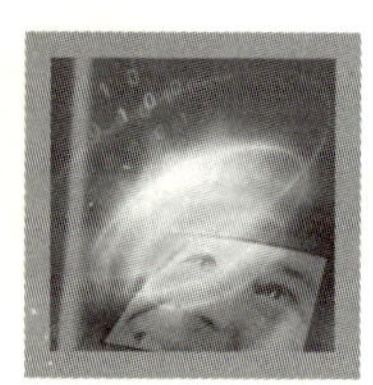

인터넷 광고 시장의 탄생

미국의 인터넷 비즈니스를 논하면서, 빼놓아서는 안
되는 것이 바로 '인터넷 광고 시장'이다. 웹사이트는 상
품을 판매하는 장소인 동시에, 광고에 노출되는 공간이
기도 하다. 따라서 그곳에서 광고 수입을 기대하는 것은 당연한 일이다.

인터넷 광고는 웹서비스의 상용화가 시작되는 것과 거의 동시에 탄생
하였다. 1994년 10월 핫와이어드(HotWired) 사이트에 14개사의 로고가
게시된 일이 있었는데, 이것이 최초의 인터넷 광고로 알려져 있다. 일본
에서는 같은 시기 인터넷전문 월간지인 '인터넷매거진(インターネッ
ト・マガジン)'이 창간되었다.

최초의 인터넷 광고는 옆으로 긴 깃발(banner) 모양이었는데, 아마도 그
런 이유로 '배너광고'라는 명칭이 붙게 된 것으로 생각된다.

일반적인 배너광고에서는 그것을 클릭하면 스폰서의 웹사이트로 이동
하도록 되어 있다. 당초에는 단순히 회사의 로고나 브랜드를 노출시키는
데에만 목적을 두었을지 모르지만, 점차적으로 '잠재고객을 자사의 사이
트로 유도하는 판촉 수단'으로서의 중요성이 증대하고 있는 추세이다.

사실 1994년 당시만 하더라도 굳이 돈을 들여가면서까지 자사 사이트

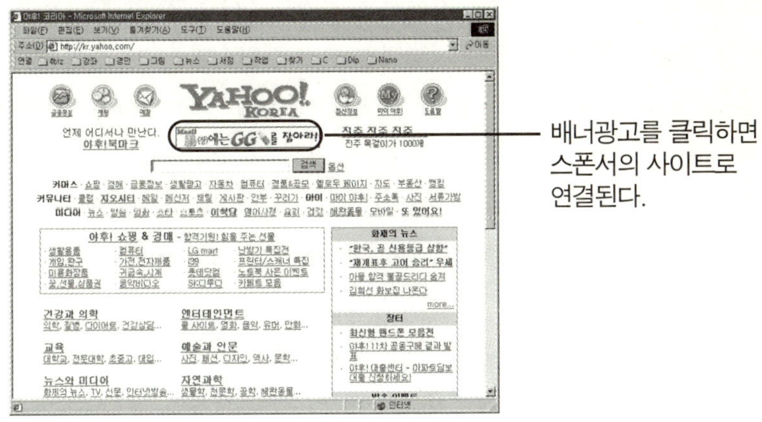

의 방문자를 늘린다는 것에 대해 적극적인 스폰서는 거의 전무하다고 해도 지나친 말이 아니었다. 그도 그럴 것이 자체 웹사이트를 개설하고 있는 스폰서가 아직 많지 않았던 때인 만큼, 희소성에 힘입어 웹사이트를 구축하고 있다는 사실만으로도 신문이나 잡지 등에 소개되어, 자연적으로 방문자를 끌어 모을 수 있었기 때문이다. 다른 한편으로 서버와 회선 등의 설비비나, 웹사이트 개발비가 지금보다는 훨씬 더 많이 들었을 것이고, 따라서 주가로 비용을 들여가면서 엑세스를 증가시키고자 하는 노력을 기울일 엄두를 내기 어려웠을 것이라 생각할 수도 있다.

그러던 것이 현재는 정반대의 상황으로 역전되었다. 즉, 웹사이트 구축에 필요한 장비비와 개발비는 현격하게 인하되었는데, 반면에 단순히 웹사이트를 개설했다는 사실만으로는 방문자를 끌어 모을 수 없는 상황이 전개되고 있다. 웹사이트 디자인이나 판매되고 있는 상품이 형편없기 때문은 아니다. 그 이유는 다름 아니라 웹사이트가 폭발적으로 증가한 나머지, 웹사이트의 존재 자체가 인터넷이라고 하는 정보의 바다 속에 파묻혀

버렸기 때문일 것이다.

그런데 인터넷 비즈니스를 지향하는 기업으로서는, 만일 사이트에 접속하는 사람이 없다면 그것은 치명적일 수밖에 없으며, 그냥 방치할 수만은 없는 노릇이다. 그래서 어떤 수단을 동원하든 간에 자사의 사이트로 잠재고객을 유인해야 하는데, 그 가운데 가장 효과적인 수단이 바로 '인터넷 광고'인 셈이다.

요컨대 인터넷 비즈니스에 진출하고자 하는 기업이 증가하면 할수록, 인터넷 광고에 대한 수요도 높아가게 마련이다. 실제로 1998년에는 탄생된 지 불과 5년도 되지 않은 미국의 인터넷 광고 시장이 20억 달러 규모로 급성장하였다.

미국의 리서치회사, 마이어스그룹(Myers Group)은 2005년의 미국 인터넷 광고 시장 규모를 320억 달러로 예측하고 있다. 이러한 수치는 2005년도 전체 미디어 광고 시장(4천억 달러)의 8%를 차지하는 것이며, 잡지, 전화번호부, 라디오 광고 및 옥외 광고 등을 능가한다.

다시 말해 1998년도의 시장 규모 20억 달러를 기준으로 볼 때, 5~6년 사이에 15배 이상 시장이 확대될 것이라 전망하고 있는 것이다.

인터넷의 전화번호부, 서치엔진

인터넷 비즈니스의 여명기에 있어, 업계 전체의 발전에 크게 공헌한 것 가운데 하나가 서치엔진이라고 불리우는 서비스다.

서치엔진을 한 마디로 표현한다면, '웹(인터넷) 전화번호부'라고 할 수 있을 것이다. 뭐니뭐니 해도 서치엔진 중 최초의 성공 사례로 손꼽히는 것은 역시 야후다. 야후는 두 사람의 창업자가 '웹사이트의 정보들을 카테고리별로 분류해 주는 정보가 있으면 편리할 것'이라는 개인적인 생각에서 부담 없이 시작한 서비스였지만, 눈 깜짝할 사이에 유명한 브랜드로

	디렉토리 서비스	서치엔진
등록신청	사이트운영자가 신청	로봇프로그램이 자동으로 수집
URL 수	수천~수십만	수백만~수억
특징	· 사람의 확인 과정을 거치므로 서비스 품질이 높다. · 카테고리 분류가 강점	· 정보량이 많다. · 전문(全文)검색 가능

성장해 버린 케이스다.

야후가 등장했을 무렵 '디렉토리 서비스' 또는 '옐로우 페이지' 등으로 표현되는 웹사이트가 다수 존재하고 있었다.

야후로 대표되는 디렉토리 서비스는 사이트 운영자로부터 신청을 접수하여 웹사이트를 등록하는 데 비해, 이른바 '서치엔진'이라 불리우는 것들은 로봇프로그램을 사용하여 인터넷 상에 존재하는 웹사이트들로부터 키워드를 추출하고 이를 데이터베이스화하여 검색서비스를 제공하는 형태였다.

로봇형 서치엔진은 카테고리별 분류가 되어 있지 않기 때문에, 키워드로 전문검색을 하지 않으면 안 된다는 측면이 있지만, 무엇보다 정보량이 많다는 것이 최대의 무기다. 현재 가동중인 서치엔진 중에서 가장 큰 규모를 자랑하는 것은, 약 2억 페이지에 달하는 웹사이트 검색정보를 수록하고 있는 것으로 알려져 있다. 하지만 그것도 인터넷 상에 존재하는 전체 웹사이트의 약 1/4에 불과할 따름이다.

로봇형 서치엔진으로 검색하는 경우, 검색되는 정보량은 많지만 그 중에는 별반 가치가 없는 정보도 상당히 섞여 있기 때문에, 필요한 정보를 선별하는 데 적지 않은 어려움이 따르게 된다. 야후는 바로 그 점을 고려하여, 신청이 있을 경우 커다란 문제가 없으면 대부분 심사를 거치지 않고 등록을 받아 주던 초기의 방침을 바꾸어, 점차적으로 점차 등록기준을 보다 엄격하게 적용해 오고 있다. 예를 들어 재팬야후에서는 신청 웹사이트 가운데 등록되는 것은 대략 3할 정도에 지나지 않는다. 이것은 심사 과정을 통해 일정한 수준에 도달한 웹사이트만을 효과적으로 검색할 수 있도록 하는 데 중점을 두기 시작한 것이라 말할 수 있을 것 같다.

더욱이 최근에는 자사 사이트의 엑세스를 증가시킬 목적으로 '어떻게 하면 야후에 등록시킬 수 있을까' 하는 것 자체가 네트워크 상의 여러 커뮤니티에서 화제가 되고 있다.

참고로 말하자면, 일반적인 웹사이트의 경우 신규 방문자의 약 70% 정도가 서치엔진을 경유하여 접속하는 것으로 알려져 있다.

서치엔진 비즈니스의 역할과 성과

조금 서론이 길어졌는지는 모르지만, 어쨌든 서치엔진은 당초부터 '이용자가 원하는 정보가 어디에 있는가'를 효율적으로 탐색하기 위해서 반드시 필요한 기능으로 인식되어 왔다. 물론 서치엔진을 개발하는 데에는 거액의 자금이 소요된다. 그럼에도 불구하고 서치엔진이 계속적으로 늘어나게 된 배경에는 나름대로의 사정이 있다. 즉, 검색이 용이한 편리한 서치엔진을 서비스할 경우 많은 이용자가 몰리는 것은 당연하고, 또 그만큼 광고 노출의 기회도 늘어나 광고료 수입이 확실하게 증가할 것이기 때문이다.

이번에는 서치엔진이 인터넷 비즈니스 전반에 대해 어떤 역할을 수행해 왔는지를 생각해 보자. 이를 위해 먼저 인터넷 광고 시장이 존재하지 않았다고 가정해 볼 필요가 있다.

광고료 수입을 기대할 수 없다면 서치엔진을 개발하기 위해 투자하는 벤처캐피탈이 나타나지 않을 것은 불을 보듯 뻔하다. 그렇게 되면 인터넷에서 원하는 정보를 쉽게 찾아 주는 네비게이션 기능도 없을 것이고, 인터넷 비즈니스 분야의 웹사이트에 엑세스하는 방문자도 줄어들 것이다. 결국 인터넷 비즈니스 전체가 정체되는 결과로 이어질 것임은 그리 어렵지 않게 짐작할 수 있다.

요컨대 서치엔진은 그 자체가 하나의 비즈니스로서 성립될 수 있다는 것을 보여 준 것이라 할 수 있겠는데, 이 점을 확대해서 생각하면 서치엔진처럼 사용자들에게 편리한 서비스를 제공할 수만 있다면, 광고료 수입을 기대해도 무리가 아니라는 사실을 추론하는 것이 충분히 가능하다.

또한 검색 방법 등 관련 기술의 발전과 그 기술의 마케팅 응용 등도 서치엔진이 인터넷 비즈니스를 진전시키는 데 기여한 점으로서, 간과해서는 안 될 것들이다. 다른 분야와 마찬가지로, 일단 수익이 발생하는 곳에는 경쟁이 치열해지는 것은 물론, 기술 개발을 위해 자금과 우수한 두뇌가 모여들기 마련인 것이다.

이제 서치엔진은 인터넷 광고 수입에만 의존하는 것에서 탈피하여 새로운 비즈니스모델을 모색하면서, '포탈' 사이트의 방향으로 나아가고 있는 것으로 보인다. 포탈에 대해서는 뒷부분에서 상세하게 다루게 될 것이다.

배너광고에서 스폰서쉽광고로

인터넷 광고에는 배너광고 외에도 다양한 형태가 존재한다. 그 가운데 최근 급속히 세력을 얻고 있는 것이 '스폰서쉽'과 '인터스티샬'이라고 하는 광고 형태이다.

스폰서쉽광고는 웹페이지 전체에 광고 내용을 게재하는 수법으로, 인쇄매체에 대한 퍼블리시티(Publicity)와 같은 것인데, 흔히 접하는 전면광고를 떠올리면 쉽게 이해가 갈 것이다. 배너광고가 웹페이지의 다른 컨텐츠의 내용과 무관하게 '고립된 공간'을 차지하고 있는 반면에, 스폰서쉽은 광고내용을 컨텐츠의 일부로서 연관성을 가지도록 하였다는 데 근본적인 차이가 있다.

현재는 배너광고의 비율이 과반수를 점하고 있지만, 5년 후에는 그 비율이 크게 감소하여 30%에 머무를 것이라 예측하는 사람도 있다. 그 대신 절반 정도를 차지할 것으로 전망되는 광고 형태가 바로 스폰서쉽광고이다.

이처럼 배너광고의 비율이 하락하는 데에는 몇 가지 이유가 있다. 그 중에서 가장 큰 이유는 무엇보다 배너광고의 효과가 감소하고 있다는 점이다.

광고 효과를 단순히 노출회수를 기준으로 측정하는 경우 '1,000명에 대해 노출시키는 데 투입되는 비용', 즉 CPM(Cost Per Mill, Mill은 1,000을 의미)을 사용하는 경우가 많은데, 현재 배너광고의 평균적인 CPM은 30달러 정도로 이 수치는 몇 년 동안 계속해서 인하되어 왔다.

CPM의 인하 추세는 스폰서의 입장에서 보면 얼핏 기쁜 소식일 것 같지만, 반드시 그런 것만은 아니다. 배너광고의 경우, 보았다는 사실만 가지고는 효과가 있다고 판단하기 어렵다. 스폰서가 기대하는 것은, 흥미를 느낀 사람이 배너를 클릭, 자사의 웹사이트에 접속하여 상품 정보를 열람하는 단계까지다. 이처럼 배너광고를 통해 스폰서의 웹사이트로 유도되는 사람의 비율을 '클릭률(또는 Click-through 율)'이라고 부른다.

현재 평균적인 클릭률은 0.5~2%로 알려져 있다. 예를 들어 클릭률이 1%인 경우, 배너의 노출회수가 1,000번이라고 해도, 스폰서 웹사이트로 유도되는 사람은 불과 10여 명밖에 되지 않는 셈이다. 앞서 언급한 CPM 30달러를 기준으로 할 때, 한 명을 웹사이트로 유도하기 위한 소요 비용은 3달러로 계산된다.

더욱이 웹사이트에 접속한 사람 모두가 고객이 되는 것도 아니다. 그 중 일부가 자료를 요청하는 등 단순 검색에서 행동 단계로 옮겨가고, 또 다시 그 안에서 몇몇 사람만이 주문으로 이어지는 것이 현실이다. 이런 점들을 고려하면, 신규고객 유치에 소요되는 비용은 높아질 수밖에 없다.

실제로 미국에서 실시된 조사 결과는 매우 흥미로운 수치를 나타내고 있다.

가상상점협회(shop.org)와 보스턴컨설팅그룹(Boston Consulting Group)이 공동으로 주관한 조사에 의하면, 신규고객 유치 비용은 '실세계'의 상점을 운영하는 '온라인/오프라인 병행형'이 평균 22달러, 그리고 네트워크 상의 가상상점만을 운영하는 '온라인 전업형'이 평균 42달러인 것으로 나타났다. 두 가지 유형의 차이점에 대해서는 차차 다루게 되겠지만, 어쨌든 신규고객 확보를 위한 판촉 비용이 의외로 높다는 사실만큼은 통계 수치로 미루어 짐작할 수 있을 것이다.

스폰시의 기대에 못 미치는 배너광고

다시 배너광고에 대한 이야기로 돌아가 보자. CPM이 계속 감소하고 있는 반면 배너광고의 효과가 갈수록 떨어지면서 그 이상으로 평균 클릭률도 낮아지고 있다. 경쟁은 더욱 격심해지고 고객을 웹사이트로 유도하는 비용은 거꾸로 높아가고만 있다. 이런 형편으로 스폰서의 불만도 갈수록 높아지고 있다.

따라서 현재, 단순히 '자사의 웹사이트로 유도하는 데' 그쳐 버리는 배너광고가 '네트워크 상에서 최상의 판촉 수단인가?' 하는 근본적인 물음에 초점이 맞추어지고 있는 중이다. 인터넷 비즈니스 분야에 진출한 스폰서 기업의 궁극적인 목적은 어디까지나 신규고객을 유치하는 데 있다. 나아가 신규고객이 구매 등을 통해 실제 상거래(Transaction)를 발생시킬 때 비로소 진정한 '고객'으로 자리매김되는 것은 두말할 필요가 없다.

스폰서의 이 같은 요구를 충족시키기 위해, 오직 배너광고만으로는 충분치 않다고 단언할 수는 없을지도 모른다. 그렇지만 인터넷 광고를 실시하고 있거나 또는 앞으로 기획하고 있는 기업이라면, 심사숙고하지 않으면 안 될 과제임에 틀림없다. 아울러 트랜잭션으로 이어지는 확률 높은 광고형태를 모색하는 과정에서, 스폰서쉽광고의 효과 측정 문제가 거론되고 있다는 것을 눈여겨보아야 할 것 같다.

한편 배너광고는 배너광고 나름대로 발전해 가고 있다. 최근에는 쿠키(웹서버에서 브라우저로 ID를 기록하는 기술)라고 불리는 기법이 활용되고 있다. 쿠키에 의해 웹사이트 방문자의 이전 행동을 추적할 수 있게 되었기 때문에, 방문자의 흥미를 이끌어 낼 가능성이 높은 배너광고를 우선적으로 표시(똑같은 웹사이트에 접속하더라도, 보는 사람에 맞추어 배너광고를 서로 다르게 제시)하는 등, 클릭률을 높이기 위한 다양한 장치가 개발되고 있다.

5. 일대일 마케팅에 도전

가능해진 광고 효과 검증

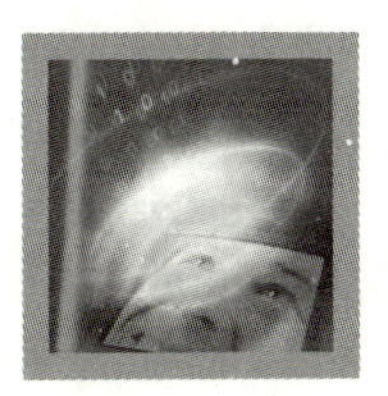

　인터넷 광고를 이용하는 스폰서의 생각은 각기 다르겠지만, 인터넷 비즈니스 특히 전자상거래를 행하고 있는 기업 입장에서는, 인터넷 광고가 제품의 판촉수단이라는 점만큼은 흔들림 없는 불변의 사실임에 틀림없다.

　배너광고가 스폰서 기업의 웹사이트로 방문자를 유도하는 것 이상의 효과를 가져오리라고는 애초부터 기대조차 하지도 않았다. 그리고 방문자가 잠재고객으로부터 진정한 '고객'으로 탈바꿈하는 것은 전적으로 스폰서의 능력에 달려 있는 것으로 인식되었다. 이런 현상은 유독 인터넷 광고에만 국한된 것은 아니어서, 잡지를 발간하는 출판사나 광고를 제작하는 광고기획사가 광고 효과까지 책임지지 않는다는 식의 사고가 뿌리내리고 있었기 때문이다. 더욱이 효과 검증의 방법도 마땅히 없었던 것이 그런 인식에 한몫을 거들었다.

　그런데 인터넷 광고의 경우는 다른 광고매체와는 근본적인 차이가 있다. 즉, 쿠키를 이용하면 '광고에 노출된 사람 가운데, 어떤 사람이 자료 요청 등의 구체적 행동을 하였는지'를 거의 정확하게 파악해 낼 수 있다. 현재 미국의 마케팅 회사들이 활용하고 있는 기술을 잠시 들여다보는 것이 좋을 것 같다. 즉, 이메일 광고를 발송할 때 아주 작은 화상이 강제적으로 수신자의 브라우저에서 열리도록 스크립트를 작성하여 포함하는 것으로, 일단 수신된 이메일을 읽으면 자동적으로 쿠키가 전송되도록 되어 있다. 그렇게 되면 이 쿠키를 이용하여, 이메일 수신자가 웹사이트에 접속하여 어떤 행동을 하였는지 일거수일투족을 기록하게 되고, 다시 그 기록을 바탕으로 그 사람에게 맞는 서비스를 리얼타임으로 제공할 수 있게 된다.

이것을 좀더 알기 쉽게 비유적으로 표현하면 다음과 같다. 예를 들어, 어떤 사람이 신문 사이에 끼여 배달된 광고전단을 보고 물건을 사기 위해 상점에 들렀다고 하자. 이 사람은 자신이 사고자 하는 물건을 이리저리 찾아다닐 것이다. 만일 점원이 그 사람 곁에 붙어 다니면서 주의 깊게 행동을 관찰한다면, 어떤 물건을 찾는지 어렵지 않게 금새 눈치챌 수 있을 것이고, 결국 그 물건을 선뜻 내어 줄 수 있게 된다.

요컨대 인터넷 광고를 활용하여, 마치 베테랑 점원이 고객을 대하는 것과 같은 효과를 얻는 것이라 말할 수 있다. 최근의 유행어를 빌어 표현하자면, 이것이야말로 '일대일 마케팅'에 다름 아니다.

'트랜잭션 배너광고'의 등장

앞서 '배너광고의 역할은 스폰서 웹사이트로 유도하기 위한 것'이라고 언급한 바 있다. 이러한 기본적 역할은 앞으로도 크게 변하지 않을 것이 틀림없다. 그러나 인터넷 기술의 발전이 웹사이트의 개념까지도 변화시키고 있음을 주목할 필요가 있다.

예를 들어 '트랜잭션 배너'라고 불리는 새로운 유형의 배너광고는, 클릭하면 바로 배너가 있던 부분에서 여러 가지 상품 정보가 제공되고 주문까지도 할 수 있도록 되어 있다. 이 경우 스폰서의 웹사이트로 이동하지는 않는다. 즉, 배너광고 크기만한 공간에 네트워크판매와 관련된 모든 기능이 담겨져 있는 것이다.

이렇게 되면 기업 입장에서는 제품 판매를 위해서 굳이 주문처리용 웹사이트를 별도로 구축할 필요가 없게 된다. 트랜잭션 배너를 본격적으로 도입하고 있는 사례는 아직까지 그리 많지 않지만, 장차 웹사이트를 구축하지 않고 단지 배너광고만으로 판매하는 인터넷 비즈니스 기업이 등장하게 될 것이다. 말하자면 '가상상점'마저 존재하지 않는, 인터넷 비즈니스의 '무점포판매'가 실현되는 셈이다.

고객의 요구는 제각기 다르게 마련이다. '어쨌든 값이 싸기만 하면 된다'는 사람이 있는가 하면, '좋은 물건이라면 조금 비싸도 괜찮다'는 사람도 있다. 바로 그 같은 사실을 알아낼 수 있는 효과적인 정보 가운데 하나가 고객의 행동 패턴이다.

현재 배너광고 관련 기술은, 인터넷에서의 과거 행동 패턴을 추적하여 고객이 흥미를 느낄 수 있는 분야를 찾아내고, 어떻게 상품 정보를 제공하면 실제 거래로 이어질 수 있는가의 문제를 해결하는 단계에까지 이르고 있다. 미숙하기는 하지만 인공지능의 영역에 서서히 접근하고 있다고 말해도 좋을 것 같다.

인터넷은 이면이 세계이다. 그럼에두 불구하고 자사의 웹사이트를 처음 방문한 사람에게도 마치 단골 고객처럼 맞아들이고 만족스러운 제품 구매를 하도록 만드는 것은 불가능한 일이 아니다. 인터넷 광고가 지향하고 있는 것은 바로 이 같은 '마법의 마케팅'인지도 모른다.

6. 인터넷 비즈니스의 슬로건,
'초기 고객 확보'

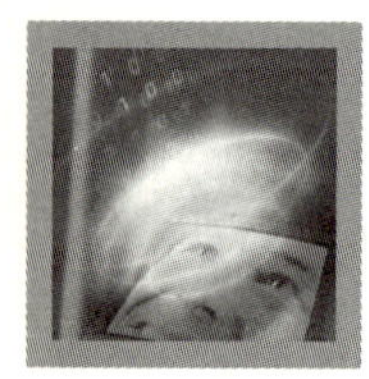

다음 목표는 판매수수료

인터넷 비즈니스와 관련된 키워드 가운데 하나는 틀림없이 '무료'라는 단어일 것이다. 거액의 요금을 받아도 결코 무리가 없을 것 같은 편리한 서비스를, 인터넷에서는 아무런 대가 없이 제공하고 있는 경우가 드물지 않다.

'인터넷의 무료서비스' 하면 가장 먼저 떠올리는 것이 앞에서 잠시 설명한 바 있는 서치엔진이다. 그리고 서치엔진은 광고료를 주된 수입원으로 하여 성립하는 비즈니스라고 할 수 있다.

유용한 정보를 무료로 제공하면, 사이트의 인기가 높아지고 따라서 광고료 수입도 증가한다. 이것은 확실히 하나의 비즈니스모델임에 분명하다. 그런데 웹사이트 수가 폭발적으로 증가하고 있고 더구나 무료서비스를 제공하는 경쟁 사이트가 속속 출현하고 있는 상황 속에서, 지속적으로 높은 인기를 유지하기 위해서는 보다 질 높은 컨텐츠를 계속해서 제공하지 않으면 안 된다. 흔히 무료정보서비스들을 '컨텐츠 프로바이더'(Contents Provider)라고도 부르는데, 그것은 그만큼 컨텐츠가 중요하다는 사실을 말해 주는 것이다.

하지만 질 높은 컨텐츠를 제작하는 데에는 필연적으로 적지 않은 비용이 뒤따르기 마련이다. 그런데 만일 광고료 수입이 비용을 충당하는 정도에 그칠 것으로 예상된다면 다음은 어떤 수순을 밟아야 할까? 이용자의 대상층을 확대하여 트래픽(Traffic : 인터넷에 있어서의 교통량)을 독점하려는 방향으로 나아가는 것을 고려할 것이다. 좀더 자세하게 설명하면, 많은 이용자들이 그 곳을 통해 인터넷에 접속하는 통로이자 입구로서, 그리고 인터넷 서핑의 거점이 되는 사이트를 만드는 것에 눈길을 돌릴 것이라는 말이다. 이것이 이른바 '포탈(Portal)사이트'다.

포탈사이트가 노리는 것은, 한 마디로 트래픽 독점에 의해 인터넷 광고까지도 독점하겠다는 것이다. 현재 미국에서는 몇몇 대형 사이트가 인터넷 광고를 과점하고 있는 실정이다.

미국인터넷광고협회(IAB : Internet Advertising Bureau)의 보고서에 의하면, 1999년 1/4분기 현재 인터넷 광고수입의 약 75%를 상위 10개 사이트가 차지하고 있다. 전년도 4/4분기의 상위 10개 사이트 점유율은 71%였다.

범위를 넓혀 상위 25개 사이트를 보면, 전분기 86%에서 88%로 증가하였고, 50위까지는 92%에서 93%로 다소 확대되었다.

미국에서 인터넷 광고를 게재하고 있는 웹사이트가 약 5천 개로 추산되고 있는 것을 감안하면, 불과 1%밖에 되지 않는 상위 50개 사이트에서 인터넷 광고 수입의 93%를 독점하고 있는 셈이다.

요컨대, 인터넷 광고는 인기 있는 웹사이트에 집중되는 경향이 있다는 것을 한눈에 봐도 알 수 있다.

그러나 트래픽 독점을 노리는 포탈사이트의 영향력은 한계점에 도달했다는 비판적인 시각도 있다.

전자상거래 분야의 시장 조사 등에 있어 이미 정평이 나 있는 포레스터 리서치(Forester Research)는 1998년 3월 포탈사이트에 관한 보고서를 발표한 바 있다. 이 자료에 따르면 1998년 현재 상위 9개 포탈사이트가 광고료 수입의 67%를 과점하고 있지만, 2000년을 경계로 그 비율이 크게 하락하여, 2003년에는 단지 30% 정도밖에 되지 않을 것으로 예측하고 있다. 트래픽 면에서 보면 1998년 현재 인터넷 전체 트래픽 가운데 상위 9개 포탈사이트가 차지하는 비율은 15%이고, 점차 그 비율이 상승할 전망이지만, 오히려 사이트의 영향력은 점차 감소할 것이라고 내다보고 있다.

인터넷의 지평이 빠르게 확대되고 있는 가운데, 아무리 거대한 포탈사이트라고 할지라도 다양한 이용자 요구를 충족시킬 수 있는 컨텐츠를 지속적으로 공급하기란 좀처럼 쉬운 일이 아니다. 따라서 트래픽을 독점한다는 것도 불가능하며, 그렇게 되면 배너광고에 의한 광고료 수입은 한계가 있다는 당연한 결론이 도출된다.

이 같은 논리의 연장선상에서 포탈사이트가 다음 목표로 설정하고 있는 것이 '판매수수료'에 의한 수입이다.

AOL의 '고객 확보' 전략

미국의 1999년도 크리스마스 시즌에 벌어졌던 매출 전쟁은 공전의 수치를 기록할 것으로 관측된다. 이 책의 원고를 집필하는 순간까지 공식 통계는 미처 발표되지 않았지만, 전년도와 비교하여 대략 5배 이상의 매출 신장을 가져왔다는 것이 거의 확실하다.

먼저 1998년도의 수치를 잠시 살펴보도록 하자. 미국의 대형 ISP인 아메리카온라인(AOL)이 운영하는 쇼핑몰의 경우, 불과 한 달이라는 짧은 기간 동안 10억 달러의 매출고를 기록하였다. 매출이 최고조에 달했던 12월 17일 당일, 그러니까 24시간 동안의 매출만 3,600만 달러였다. 뿐만 아니라 한 달 동안 AOL의 회원 가운데 네트워크를 통해 처음 제품

	1999년	1998년	1997년
총매출액(단위:백만달러)	4,777	3,091	2,197
회원수	1,762만명	1,254만명	864만명
종업원	12,100명	8,500명	7,400명

구매를 한 사람이 125만 명에 달했다고 한다.

지금 AOL의 웹사이트를 예로 들어 설명하고 있는 까닭은 다름 아니라 전형적인 포탈사이트이기 때문이다.

AOL은 본디 '인터넷접속서비스'를 제공하는 통신사업자로, 1,700만 명을 상회하는 회원을 보유하여 미국 최대의 규모를 자랑하고 있다.

AOL 사이트의 쇼핑몰은, 일반적으로 포탈사이트에 포함되어 있는 한 가지 기능이라 볼 수 있으며, 비교적 최근에 추가된 것이다. 물론 AOL 이 자체적으로 상품재고를 유지하면서 판매하지는 않는다. 쇼핑몰 상품 공급업체와의 계약 내용을 구체적으로 확인한 것은 아니지만, 기본적으로 매출액 가운데 일정 부분을 판매수수료로 징수하도록 되어 있다. 즉, 쇼핑몰 형태를 취한 일종의 중개비즈니스라고 할 수 있다.

인터넷 비즈니스의 초기 단계에는 전자상거래를 본격적으로 실시하는 기업이 많지 않았기 때문에, 웹사이트에 접속한 불특정 다수의 이용자를 광고에 노출시키는 것만으로 쉽게 광고료를 챙길 수 있었던 것이 사실이다. 하지만 AOL의 사례에서 보는 것처럼, '회원이라는 형태로 이용자를 확보'할 수만 있다면, 앞으로는 실질적으로 상품판매를 중개하고 매출액에 상응하는 일정 비율의 판매수수료를 받아 수입을 올리는 비즈니스가 충분히 성립될 수 있음을 알 수 있다.

최근에는 포탈사이트 뿐만 아니라 무료정보서비스를 제공하고 있는 대부분의 웹사이트들이, 이용자를 조직화하고 회원을 확보하기 위한 노력을 기울이고 있는 추세이다. 물론 회원 조직을 운영하기 위해서는 그만큼 추가 비용이 발생하기 마련이다. 하지만 그 이상으로 '수익 창출의 기회가 확대된다'는 사실이 점차 설득력을 얻어가고 있다.

심지어는 오로지 웹사이트를 통째로 매각하려는 계산만으로, 몇 십만 명 수준의 무료 회원을 모집하는 경우까지 나타나고 있다. 이것은 회원 조직을 보유한 웹사이트 전체를 인수하는 편에서도 유리한 측면이 있기 때문이다. 즉, 웹사이트를 새롭게 구축하여 처음부터 회원을 모집한다면 비용은 물론이고 한참 동안 시간이 걸릴 수밖에 없으므로, 일 인당 고객 유치 비용이 다소 높아진다고 하더라도, 이미 회원이 확보된 사이트를 매수하는 쪽이 손쉽다고 하는 논리인 것이다.

어쨌든 현 시점에서 말할 수 있는 것은, 인터넷 비즈니스 가운데 무료 정보서비스를 제공하고 있는 웹사이트가 상당히 많고, 더욱이 초기 투자를 고려할 때 수익성 면에서 전혀 기여하지 못하고 있는 경우가 대부분이라는 사실이다. 그럼에도 불구하고 '장래성이 있다'는 판단에 근거하여 적자 행진이 계속되는 동안 주가는 상승하는 현상이 전개되고 있다.

'당장은 수익성이 없지만, 조기에 고객을 확보할 수만 있다면 장차 수익을 실현하는 방법은 얼마든지 있다. 따라서 수익성의 판단 기준은 어떻게 하면 단기간에 이용자를 확보할 수 있는가에 달려 있다'고 주장하는 사람들도 있다. 이러한 주장에 대해서는 찬반 양론이 있지만, 인터넷 비즈니스의 한 단면을 여실히 보여 주고 있는 지적이라는 점만큼은 부정할 수 없을 것 같다.

7. 빠르게 확산되고 있는 전자상거래 시장

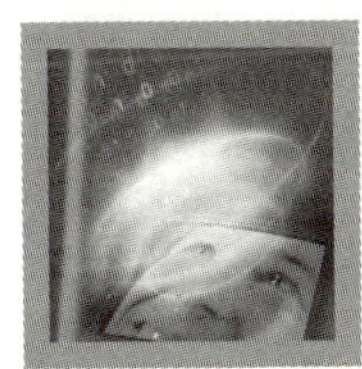

미국의 전자상거래 시장

전세계 전자상거래 시장 규모를 살펴보면, 미국이 단연 앞서 있다는 것을 알 수 있다. 따라서 여기에서는 인터넷 비즈니스의 동향을 살펴보면서, 시장 전체를 선도하고 있는 미국의 경우를 구체적인 수치와 함께 생각해 보는 것이 좋을 것 같다.

일본 통산성이 앤더슨 컨설팅(Anderson Consulting)에 조사를 위탁하여 발표한 공식 통계는 다음의 표에서 보는 바와 같다. 조사자료는 1998년도 실적과 2003년의 예측을 대비시키고 있는데, B2C는 최종소비재시장(주로 소매), 그리고 B2B는 자재조달 및 도매를 포함한 기업간거래 시장을 가리킨다.

표에 나타난 괄호 안의 수치는 '전자상거래'가 전체 시장에서 점유하고 있는 비율이다. 먼저 1998년도 미국의 B2C시장 규모를 보면 총거래액 가운데 전자상거래에 의한 거래액이 0.4%로 나타나고 있다.

주목해야 할 것은 2003년까지의 신장률이다. 미국에서는 이미 1998년 현재 시장 규모가 2조 엔을 돌파하고 있지만, 향후 5년 간 빠른 신장세에 힘입어 대략 10배 정도로 크게 성장할 것이 예측되고 있으며, 소매시장

	일본		미국	
	1998년	2003년	1998년	2003년
B2C 시장 (기업-소비자)	0.065조 엔 (0.02%)	3.16조 엔 (1%)	2.25조 엔 (0.4%)	21.3조 엔 (3.2%)
B2B시장 (기업-기업)	8.62조 엔 (1.5%)	68.4조 엔 (11.2%)	19.5조 엔 (2.5%)	165.3조 엔 (19.1%)

통산성과 앤더슨컨설팅의 추정치. ( ) 은 전자상거래 비율

전체에 대한 점유율은 3%를 돌파한다.

B2B에 있어서는 2003년이 되면 기업간거래 시장의 약 20% 정도가 전자상거래에 의해 이루어지는 것으로 나타난다. 단순히 수치만으로는 실감하기 어려울지 모르겠으나, 인터넷 비즈니스에 적절히 대응하지 못하는 기업은 반드시 도태하고 말 것이라는 점을 시사하는 의미 심장한 자료이다.

한편 앞서도 언급한 바 있지만, 전자상거래 분야의 전문 조사기관인 포레스터 리서치의 1998년 11월 발표자료에 따르면, 2003년의 B2B 및 B2C 시장 규모를 각각 1조3천3백10억 달러(엔화로 환산하면 대략 123.8조 엔)와 1천80억 달러(10조 엔)로 예측하고 있는데, 앤더슨 컨설팅과 비교하면 다소 조심스러운 수치라고 할 수 있다.

그러면 작년인 1999년도에는 전자상거래 시장이 어느 정도 성장하였을까? 이것에 관해서도 미국시장의 규모를 단적으로 말해 주는 조사결과가 나와 있다.

가상상점협회(shop.org)와 보스턴 컨설팅 그룹(The Boston Consulting Group)이 328개의 쇼핑몰 사이트에 대해 실시한 설문조사의 결과에 따르면, 1998년의 B2C 시장은 149억 달러이고 소매거래 전체에서 차지하는 비율은 0.5%였는데, 1999년에는 145% 증가한 360억 달러에 이를 것으로 추정되고 있다.

이렇듯 작년 한 해의 신장세만 보더라도, 미국의 전자상거래 시장이 빠른 속도로 확대되고 있는 것에 대해서는 의문의 여지가 없을 것 같다.

크리스마스 매출 전쟁

인터넷 비즈니스의 놀랄 만한 성장세를 널리 일반에게 각인시켜 준 최초의 사건은, 역시 앞에서도 언급한 바 있는 1998년도 크리스마스 시즌의 매출 전쟁이었다. 중복되는 느낌이 없지 않지만, 잠시 기억을 되살려 어떤 양상으로 전개되었는지 살펴보기로 하자.

미국의 대형 ISP인 AOL이 운영하는 쇼핑몰에서는 한 달 만에 10억 달러의 매출고를 기록하였으며, 같은 기간 최대매출액은 12월 17일의 3천6백만 달러였다. 이것은 전년도 일일 최대매출액 1백만 달러의 무려 36배에 달하는 수치이다.

또한 AOL의 회원으로서 네트워크를 통해 처음으로 쇼핑해 보았다는 사람이 125만 명에 날했는데, 이것 역시 매우 놀라운 숫자라고 하지 않을 수 없다.

1999년 크리스마스 시즌에는 이 같은 매출 전쟁이 더욱 과열되었다.

온라인리서치회사인 해리스 인터랙티브(Harris Interactive)가 5천 명을 대상으로 실시한 설문조사 결과를 살펴보자. 1998년에는 대단한 소동이 벌어졌음에도 불구하고, 네트워크를 통한 구매 경험이 있는 사람은 인터넷 이용자의 8%에 불과했다. 그러던 것이 1999년에는 종류와 대소에 관계 없이 한 개 이상의 제품을 구입했다고 응답한 사람이 무려 32.9%에 달했다. 특히 여성 가운데 구입경험자가 1998년에는 4.9%였던 데 비해, 1999년에는 6배 정도가 되는 29.2%로 크게 늘어났다.

일 인당 구입액이 1998년과 동일하다고 가정할 경우, 1999년의 크리스마스 시즌 중 네트워크판매에 의한 매출액은 95억 달러에 달할 것으로 추측된다.

일본시장에 대해서는 차차 다루게 되겠지만, 95억 달러라는 수치는 1998년도 일본 B2C시장 전체 규모의 10배에 상당하는 것이다.

비교하는 것 자체가 무리겠으나, 어쨌든 미국에서는 불과 1개월 동안 일본 B2C 시장 규모의 10배에 달하는 상품을 네트워크를 통해 판매하고 있는 것이다.

2

인터넷 비즈니스의
성공 요인, 마케팅 전략

1. 고객 한 사람 한 사람을 위한 '일대일 마케팅'

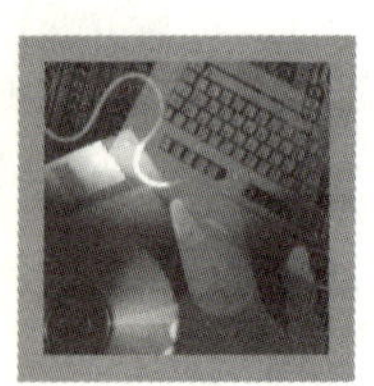

네트워크에서의 응답률이 관건

'데이터베이스 마케팅'이라는 개념은 전혀 새로운 것이 아니다. 이전부터 익히 알려져 왔던 것으로, 통신판매업계에서 흔히 'DM(Direct Mail)의 효과를 극대화하기 위한 방편'으로 도입하는 경우가 많았다.

이제까지 통신판매에서는 신문 등에 끼워넣는 '전단광고'와 'DM'이 중요한 영업 수단이었다. DM은 원래 잠재고객에게 직접 정보를 제공함으로써, 고객 1인당 판촉 비용을 절감하려는 것이 근본적인 목적으로, 상품카탈로그를 비롯한 인쇄물 제작비와 발송비가 불가피하게 발생한다. 그런데 응답률(Response rate)이 낮을 경우, 일반적인 광고보다도 효율면에서 떨어지는 판촉수단으로 전락해 버린다는 취약점을 안고 있다.

이러한 배경에서 잠재고객의 요구를 파악하고 적절히 대응하기 위한 목적에서 등장하게 된 개념이 데이터베이스 마케팅이다. 간단하게 설명하면, 과학적 분석을 통해 '가장 응답률이 높을 것'으로 판단되는 대상을 선정하여 DM을 발송하는 것이다.

데이터베이스 마케팅에서는 '개인의 속성'과 '과거의 구매 경험'이 정보의 전부라고 해도 과언이 아니다.

예를 들어 스포츠·레저 관련 신상품 발매에 맞추어 DM을 발송하는 경우를 생각해 보자. '20대 후반에서 40대까지의 남성으로 자가용을 보유하고 있는 사람'을 타겟으로 설정했다면, '20대 후반에서 40대까지의 남성', '자가용 보유자' 등의 속성을 조건으로 하고, 여기에 '3개월 내에 1회 이상 주문실적이 있거나', '과거 1년 간 주문액 총계가 1만 엔 이상' 등의 구매 경험 조건을 덧붙여 점수를 산출한다. 그리고 나서 총점 기준으로 상위 1,000명에게 우신 DM을 발송한다. 만일 목표로 잡은 예상 응답률을 초과하게 되면, 기준을 하향 조정하여 DM 발송 대상자의 범위를 확대해 가는 것이다. 이것이 이른바 데이터베이스 마케팅의 일반적 형태이다.

비즈니스의 변화와 VDBM

위에서 잠시 살펴본 데이터베이스 마케팅을 한 마디로 표현한다면, '고객리스트의 활성화' 즉, 고객 가운데 누가 언제 그리고 어떤 상품에 대한 구매 의사가 있을지를 예측하여, 적절한 시기에 판촉활동(주로 DM)을 전개하는 것이라 요약할 수 있다.

그런데 이 같은 전통적 기법을 인터넷상에서 응용하는 경우, '버추얼 데이터베이스 마케팅(VDBM: Virtual Database Marketing)'이라 부른다. VDBM의 기본개념은 종전의 데이터베이스 마케팅(VDMB과 구분하기 위해 TDBM이라 부른다. T는 Traditional)과 동일하지만, 이용 가능한 수단이 폭넓게 확대되었다는 점에서 차이가 있다.

즉, TDBM은 '잠재고객을 그룹화'하여 'DM을 발송'하는 것에 그치는 반면, VDBM은 웹사이트나 이메일의 장점을 최대한 활용한다. 다시 말해 행동기록이나 인터랙티브한 리서치를 통해 '한 사람 한 사람의 요구사항을 파악'할 수 있을 뿐만 아니라, '이메일에 의해 상품추천이나 제

■ TDBM과의 비교를 통해 본 VDBM의 장점

	TDBM	VDBM
주요수단	우편, 전화	WWW, 이메일
비용	많음	적음
효과	·인쇄물 장기간 보존 ·전화의 경우, 현장에서 고객 의사 확인 가능	·행동기록의 추적 용이 ·개별고객에 대한 대응 가능

품구매에 관한 정보를 자동적으로 제공'할 수 있다는 점에서, TDBM과 크게 차이가 있다고 할 수 있다.

　이런 관점에서 보면, VDBM을 단순한 마케팅 방법으로만 간주해 버리는 것은 올바른 태도가 아니다. 비즈니스의 구조 자체를 크게 변혁시킬 가능성까지 감추고 있다고 보는 것이 적절하다는 게 필자의 생각이다.

　어쩌면 VDBM을 실현하면 곧 네트워크판매의 성공을 보장하는 것이라 단언하는 것은 다소 무리가 있을지도 모른다. 그렇지만 현재로서는 VDBM이 전자상거래의 성패를 좌우하는 최대 관건이라 해도 크게 틀리지 않을 것 같다.

점포판매와 통신판매의 장점을 결합

　구체적으로 한 가지 예를 들어 설명하는 것이 좋을 것 같다. 종전과 같은 통신판매의 경우, 상품카탈로그를 발송한 후 고객으로부터 아무런 문의나 주문이 없는 한, 상품에 대한 고객의 관심도와 반응을 측정하는 것은 전혀 불가능했다. 고객이 특히 몇 페이지 어떤 내용에 관심이 있었는지, 혹은 어느 정도로 꼼꼼하게 살펴보았는지 등등 판매자의 입장에서 정말 필요하고 알아야 할 데이터를 손에 넣는 방법은 존재하지 않았다. 그러나 웹사이트라면 사정이 달라진다. 즉, 웹사이트에 접속하여 특정 페이지를 검색한 내용 등을 정확히 담고 있는 '엑세스 로그'가 남아 있기 때문에, 고객이 어떤 정보를 열람하였는지를 전부 알 수 있다.

통신판매처럼 무점포판매의 형태를 취하는 경우에는, 점포판매와 비교할 때 몇 가지 단점이 있다. 점포판매에서는 고객의 행동을 관찰함으로써 고객의 만족도와 요구를 어느 정도 추측하는 것이 가능한데, 그런 것을 할 수 없다는 것이 단점 가운데 하나다. 눈치 있고 경험 많은 점원이라면, 고객의 표정과 몸짓만으로도 가게를 찾은 목적이 무엇인지를 금방 알아차릴 수 있을 뿐만 아니라, 자연스럽게 곁으로 다가가서 고객이 원하는 물건을 건네줄 수도 있을 것이다. 이렇게 되면 혹시 그대로 방치할 경우 아무 물건도 사지 않은 채 가게문을 나서 버릴지도 모르는 손님을 붙잡아 매상을 올리게 되는 셈이다.

웹사이트를 통해 상품판매를 하는 것을 '가상점포'(Virtual Shop)라고 한다. 이것은 본질적으로 통신판매의 업태를 취하는 것이지만, 마치 가게를 찾아온 손님의 행동을 관찰하듯이 고객행동을 포착할 수 있기 때문에, 일반적인 통신판매와는 차이가 있다.

따라서 VDBM은 가상세계에 존재하는 가상점포에서, 'TDBM의 기법'과 실제세계에서 가게를 운영하는 원숙한 가게주인의 경험을 결합하여 활용하는 것이라 말할 수 있을 것이다. 요컨대 점포판매와 통신판매 양자의 장점을 취하면서, 동시에 웹사이트의 쌍방향성까지도 함께 누릴 수 있는 매우 이상적인 마케팅 기법인 것이다.

일대일 마케팅의 도구들

마케팅의 대상집단을 개인 수준까지 세분화하는 것이 이른바 '일대일 (One to One) 마케팅'으로서, 용어 자체는 이미 익숙해진 지 오래다. 간단하게 말하면 '고객 한 사람 한 사람을 개별적으로 대접한다는 것'에 다름 아니다.

'일대일 마케팅'의 개념은 매우 오래 전부터 제창되어 왔지만, 데이터베이스 마케팅 등 종전의 마케팅 기법에 있어서는, '이상론'의 영역을 벗어나지 못하는 실행 불가능한 전략으로 인식되어 왔다. 순전히 이론상으로 따질 때 DM을 주요 수단으로 하는 데이터베이스 마케팅에서 '고객 한 사람 한 사람을 별개로 취급'하려면, '개인고객을 위한 각기 다른 인쇄물을 제작하여 발송'해야 한다. 하지만 이것은 어디까지나 이론이고, 현실적으로는 비용 면에서 거의 불가능에 가깝다고 하는 것이 정확한 표현이다. 인쇄비를 절감하기 위해서는 아무리 적게 잡아도 최소한 천 명 단위로 고객집단을 분류할 수밖에 없었다.

일대일 마케팅이 단지 이상에 머물렀던 또 다른 이유로서, 고객정보를 수집하기가 곤란했다는 점도 간과해서는 안 될 것 같다.

고객에게 상품카탈로그를 DM으로 발송하는 것 자체가 나쁠 까닭은 없다. 문제는 그 시점에서부터 주문이 이루어지기까지 고객이 어떤 행동을 취했는지에 관한 데이터를 전혀 입수할 수 없다는 점이다. 실제 주문으로 이어지는 경우라도, 주문품목에 흥미가 있다는 정도만 알 수 있을 뿐, 구입을 결정하기까지 어떤 과정이 있었는가는 여전히 오리무중이다.

주문하지 않는 사람에 관해서는 더욱 절망적이다. 무엇보다 먼저, 애써 발송한 카탈로그를 읽기나 했는지 도대체 파악할 수 없다. 혹시 보았다고 하더라도 어떤 페이지를 열어 보았는지, 그리고 어떤 상품에 대해 흥미를 가졌는지 캄캄할 뿐이다. 구매의사는 있었는데, 주문을 하지 않은 이유가

> 1. 전자메일의 자동화

> 2. 고객프로필연동 배너광고

> 3. 개인전용 홈페이지(Personalized Web)

> 4. 추천정보제공서비스

가격이 맞지 않아서인지, 또는 성능에 문제가 있다든지, 디자인이 마음에 들지 않아서인지 등등……. 그야말로 기업의 입장에서 가장 필요로 하는 정보를 입수할 방법이 전무한 것이다.

　반면에 웹사이트에서는 방문자(이를테면 상품카탈로그를 읽은 사람)의 일거수일투족을 추적하는 것이 가능하다. 즉, 어떤 페이지의 내용을 보았는가 등에 관한 정보를 정확히 포착한다. 또한 검색한 웹페이지와 머무른 시간 등이 기록으로 남아 있기 때문에, 제품구매에 대한 주문을 하지 않은 사람에 대해서 적어도 어떤 것에 흥미를 가지고 있었는지는 알아낼 수 있다.

　이러한 점들이 인터넷 위에서 일대일 마케팅을 실현할 수 있다는 기대를 갖게 하는 가장 큰 이유라고 할 수 있다.

　현재 인터넷을 기반으로 하여 시도되고 있는 일대일 마케팅은, 이용하는 수단에 따라 위와 같은 네 가지 유형으로 나눌 수 있는데, 하나 하나 실례를 들어가면서 상세하게 설명하기로 하겠다.

2. 인터넷의
일대일 마케팅 기법

가상점원이 개별고객을 접대

인터넷에서 이루어지고 있는 '일대일 마케팅'의 핵심은, 고객이 웹사이트에 접속하였을 때, 고객의 속성이나 구매경험 등 데이터베이스에 축적되어 있는 정보를 참조하여, 그 사람만을 위한 개인전용의 서비스를 자동화하여 제공한다는 것이다.

그런데 이렇듯 개인맞춤형 서비스를 제공하기 위해서는, 웹사이트에 접속한 방문자에 대한 개인정보가 사전에 데이터베이스에 저장되어 있지 않으면 안 된다.

개인정보 가운데 가장 확실한 것은 매매계약서 등에 기재되어 있는 신상정보와 구매경험 등이지만, 고객이 직접 제공하는 정보만으로는 고객의 기호나 생활양식 등을 알 수 없다. 때문에 쿠키(웹서버로부터 이용자의 브라우저에 ID를 기록하는 방법)를 활용하여, 고객이 사이트에 접속한 이후 어떤 행동을 했는가를 기록하여 데이터베이스에 저장한다. 그렇게 되면 구체적으로 어떤 웹페이지를 얼마나 오랫동안 열람하였는지를 알 수 있어, 고객의 관심을 어느 정도까지는 정확하게 파악할 수 있다.

개인맞춤형 서비스의 기반이 되는 고객정보는 아래와 같이 세 가지 유형으로 분류할 수 있다.

① 명시적 행동(회원 등록 시 자발적으로 제공한 개인프로필이나 관심
　분야 등의 정보)
② 구매 경험(과거의 구입 실적)
③ 비명시적 행동(웹사이트에서의 행동패턴, 예를 들어 검색한 페이지
　에 대한 기록 등)

개인정보 보호와 프라이버시 문제가 여전히 남아 있기는 하지만, 최근
에는 익명성을 보장하면서 수집된 개인정보를 실질적으로 활용하려는 경
향이 나타나고 있다.

더욱이 행동패턴을 다른 사람의 그것과 비교하여 모델링하는 등, 인터
넷에서 얻을 수 있는 다양한 데이터들을 분석함으로써 '고객의 기호와
행동패턴을 예측'하기 위한 기술이 급속히 실용화되고 있는 추세이다.

이렇듯 고객데이터베이스를 참조하여 정보를 분석하고, 그에 따라 고
객 한 사람 한 사람에 대해 적확하게 교차판매(Cross Sale : 상호 관련성
있는 제품을 동시에 판촉하는 것)나 상향판매(Up Sale : 과거의 구매제
품보다 한 단계 질 높은 고급품 구매를 유도하는 것) 등 다양한 판매전략
을 자동적으로 구사할 수 있게 되면, 마케팅 도구라고 하기보다는 우수한
'가상점원'이라고 부르는 편이 나을지도 모르겠다.

인터넷마케팅 기법 ①
이메일의 자동화

이메일의 자동화는 여러 가지 다양한 응용이 가능하다. 그 중에서도 가
장 활발하게 이용되고 있는 분야는 '맞춤형 메일뉴스(Personalized Mail
News)'와 '고객지원 메일서비스'이다.

구체적인 예를 통해 살펴보면, 각각 어떤 것들인지 대강의 내용을 이해
할 수 있을 것으로 생각된다. 먼저 '맞춤형 메일뉴스'의 사례로 제시하는
것은 시세이도(資生堂)의 메일서비스다.

시세이도는 1997년 3월부터 회원제도를 운영하기 시작했는데, 현재
회원수는 약 2만 명에 달한다. 회원은 주로 시세이도의 화장품을 사용하
는 고객들이며, 그런 까닭에 여성이 회원의 80%를 차지하고 있다는 점
이 가장 큰 특징이다.

시세이도는 웹사이트의 갱신 내용을 회원들에게 이메일로 매주 2회씩
발송한다. 그런데 전체 회원에게 무작위로 이메일을 발송하는 것이 아니
라, 사전에 등록된 회원정보의 속성에 따라 발송대상을 선정하도록 되어
있다.

하지만 회원제도를 운영하는 과정에서, 단지 개인적 속성에만 의존한
마케팅은 불충분하다는 사실이 점차적으로 드러났다. 왜냐하면 속성이
같을지라도 화장품에 대한 선호도는 사람에 따라 크게 달랐기 때문이다.
그에 따라 개인적 속성 외에도, 질의응답이나 게시판 이용 등 회원들과의
커뮤니케이션 과정에서 획득한 모든 정보, 그리고 정기적으로 실시하는
설문조사의 결과도 새롭게 데이터베이스에 저장하도록 되었다.

데이터베이스가 충실해지면, 회원의 기호를 세분화할 수 있고, 나아가
고객에 대해 보다 치밀하게 대응할 수 있다. 이메일을 수단으로 하는 일
대일 마케팅은 시각적 효과 면에서 프리젠테이션 능력은 다소 떨어지지
만, 고객에 대한 정보발신이 비교적 확실하다는 등의 장점도 적지 않다.

한 가지 유의할 점은 '이메일에 의한 마케팅'이라고는 하지만, 웹사이
트와 완전히 독립된 상태로 운영되지는 않는다는 것이다. 오히려 '이메
일을 이용하여 웹사이트 방문을 유도한다'는 것이 보다 정확한 표현일
것이다.

다음으로 '고객지원 메일서비스'에 있어서는 아마존의 트래킹 서비스 (Tracking Service)가 유명하다.

아마존에서 도서를 주문하게 되면, 주문번호와 함께 주문 접수사실을 확인하는 이메일이 도착된다. 이후 주문에 관한 모든 문의는 그 주문번호 만으로 모든 것이 해결된다.

주문접수 사실을 통지한 후, 재고확인을 거쳐 발송준비가 완료되면, 다시 '고객께서 주문하신 도서는, 몇월 몇일까지 발송할 예정입니다' 라는 메시지가 보내진다. 이때 운송편의 트래킹번호(화물추적 번호)가 부여되며, 택배회사의 웹사이트에서 주문도서의 배달상황을 추적할 수 있도록 되어 있다.

이어 주문도서의 발송이 이루어진 다음에는 발송완료, 그리고 주문도서가 도착할 무렵에는 배달확인을 겸한 송장을 이메일로 받게 된다. 이러한 일련의 이메일들은 모두, 자동적으로 데이터베이스로부터 작성되어 발신이 이루어지며, 일체 사람이 개입하지 않아도 되도록 만들어져 있다.

■ 아마존의 전자동 트래킹서비스

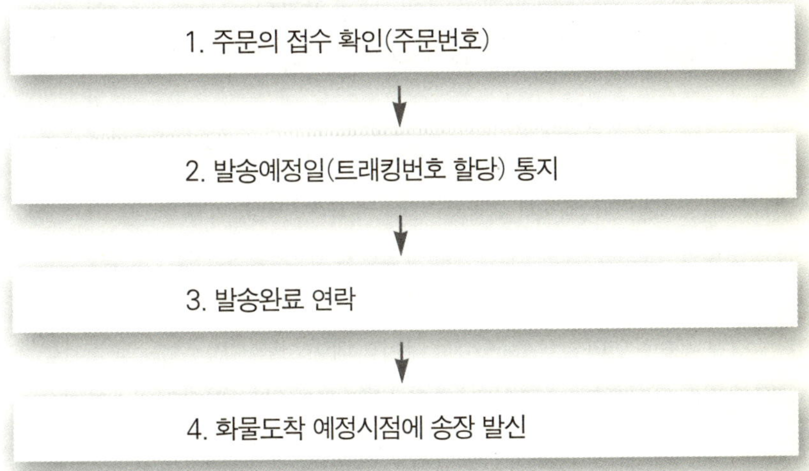

주문상품이 정확하게 배달될 것인지 하는 문제는 고객 입장에서는 최대의 관심사이다. 아마존의 경우처럼, 조금은 지나치리만큼 자주 연락을 하게 되면 고객은 안심하기 마련이다. 이메일의 자동화에 의해, 고객만족을 향상시킬 수 있었던 좋은 본보기다.

이메일 자동발송 애플리케이션을 개발하는 것은 그다지 어렵지 않다. 레코드가 저장되는 것과 동시에 메일 발신 프로세스가 가동되도록 하면 되는데, 간단하게 매크로 기능으로 처리할 수 있다. 만일 일정한 조건을 만족한 경우에만 발신하고 싶다면, 조건분기 코드를 삽입하여 프로그래밍하면 된다.

프로그램에서 처리되는 프로세스를 보면, 데이터베이스로부터 외부로 내보낼(export) 레코드를 텍스트 형태(혹은 HTML 형태)로 변환하여 이메일 메시지를 작성한다. 그 다음 발신 지시가 전달된 후에는 처리결과를 보고 발신을 확인하는 과정이 이어진다. 이렇게 해서 이메일 자동발신 프로세스의 한 사이클이 종료된다.

실제 애플리케이션에 있어서는, 필요에 따라 기본적인 프로그램 구조에 다양한 분기조건이 추가되기도 하고, 운영자의 수준에 맞추어 에러처리코드가 삽입되기도 한다. 그러나 어떤 경우라 할지라도 손쉽게 개발하는 데에는 전혀 지장이 없다.

또한 이러한 애플리케이션은 펄(Perl), 자바(JAVA)와 같은 프로그래밍 언어로도 간단하게 작성할 수 있는데, 다만 CGI가 운용될 수 있는 웹서버가 필요하다는 점을 유의할 필요가 있다.

복잡한 조건분기 등을 포함하는 애플리케이션을 자체적으로 개발할 수 없는 경우에는, 오라클(Oracle)의 데이터베이스를 기반으로 운용되는 패키지(디지털임팩트가 유명하다)들이 다수 판매되고 있으므로, 이것을 그대로 이용하면 된다. 또한 개발기간을 단축하는 데에도 이러한 패키지들을 도입하는 것이 효과적이다.

인터넷마케팅 기법 ②
고객프로필 연동 배너광고

이용자의 접속이 많은 웹사이트에서는, 배너광고 관련 비즈니스가 독립된 사업 분야로까지 자리매김될 정도로 크게 성장하고 있다. 또한 누구에게 어떤 배너광고를 제시하는 것이 좋은가에 대해서는 일찍부터 연구가 진행되어 왔다. 따라서 배너광고를 활용한 '일대일 마케팅'은 상당히 진전되어 있다고 말할 수 있다.

일견 배너광고와 일대일 마케팅을 위한 웹사이트 구축 사이에는 관련성이 별로 없을 것이라 생각할지 모르지만, 배너광고의 데이터베이스 연동 표시 기술은 '일대일 마케팅' 관련 기술 가운데에서도 가장 최신의 것이다.

데이터베이스 연동 배너광고로서 가장 먼저 연상되는 것은, 서치엔진 검색결과화면에 출력되는 배너광고이다. 서치엔진은 어디까지나 이용자가 입력한 키워드에 기초하여 검색하는 것이기 때문에, 검색결과가 표시되는 화면에 검색결과와 관계가 깊은 배너광고를 표시하는 것이야말로 이치에 부합되는 것이라 할 수 있다. 예를 들면, '주식배당금' 또는 '유리한 투사' 등의 키워드로서 검색하는 사람에게는 고민할 것 없이 100% 온라인증권이나 투자컨설팅회사의 배너광고를 표시하면 되는 것이다.

서치엔진뿐만 아니라 일반기업의 웹사이트에서도 똑같은 방식이 적용될 수 있다. 컴퓨터제조업체의 경우, 예전에 노트북 PC에 대한 웹페이지를 검색한 경험이 있는 사람에게 신형 PDA에 대한 배너광고를 제시하는 것인데, 이것이야말로 데이터베이스 연동형 배너광고에 다름아니다.

최근에는 자체적으로 보유한 데이터베이스에 머물지 않고, 외부의 데이터베이스까지 활용하는 새로운 움직임이 나타나고 있다. 즉, 쿠키를 이용하여 얻어진 익명의 개인정보를 기초로, 다른 회사의 웹사이트에 접속하여 이용자가 남긴 행동기록까지 추적함으로써, 이용자 요구에 더욱 부합되는 배너광고를 표시하는 것으로까지 발전하고 있다. 앞서 언급한 컴퓨터제조업체의 경우를 예로 들어 설명하면, '다른 웹사이트에서 노트북 PC에 대한 정보를 검색한 사람'이 자사 웹사이트에 방문했을 때, 비록 처음 접속하는 것이지만 마치 자사의 단골고객인 것처럼 PDA의 배너광고를 표시하는 식이다.

데이터베이스 연동 배너광고용 소프트웨어인 '넷그래버티(NetGravity)의 애드서버(AdServer)'나 '인게이지(Engage Technologies)의 프로필서버(ProfileServer)'에도 이 같은—쿠키에 의존하여 익명성을 보장하는 가운데 외부의 프로필 데이터베이스를 참조할 수 있는—기능을 구비하고 있다.

물론 이 기능은 쿠키의 ID만 가지고 동일인 여부를 판단하는 것이기

■ 데이터베이스 연동 배너광고의 개념도

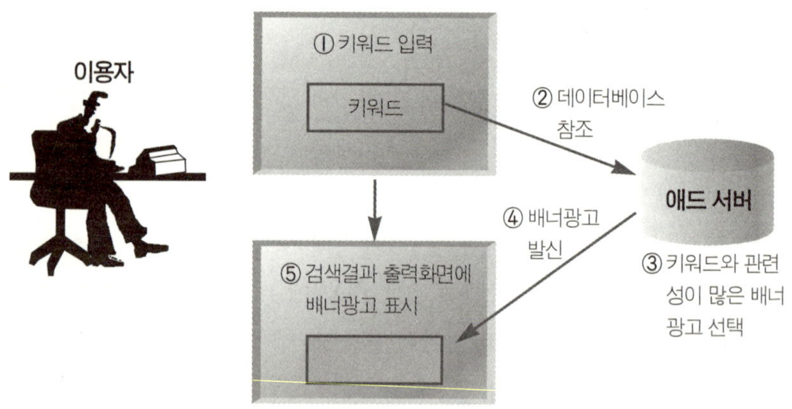

때문에, 실명 확인까지는 불가능하다는 한계를 지니고 있다. 하지만 프라이버시와도 관계가 있는 매우 미묘한 문제이므로, 함부로 단정하기는 어려울 것 같다.

향후 비록 익명이기는 하지만 쿠키를 활용하여 거대한 고객 데이터베이스를 구축한 기업이, 장삿속으로 이용료를 받아 챙기는 부정적인 현상이 전개될 가능성도 전혀 배제할 수 없다. 또한 사업상 충돌이 일어나지 않는 기업들이, 각기 자사의 고객정보 데이디베이스를 개방하고 상호접속하는 체제를 구축함으로써, 보다 적극적으로 고객유지 및 신규고객 창출에 나서는 것도 충분히 예상할 수 있다.

예를 들어, 지금 여기에 두 개의 회사(A사, B사)가 있다고 가정해 보자. A사는 DVD를 판매하고 있는데, 대여업에는 일체 손을 대고 있지 않다. 한편 B사는 역으로 판매를 하지 않는 대여전문업체이다. 만일 두 회사가 업무상으로 제휴한다면, 모두가 만족하는 결과를 얻을 수 있다.

■ 프로필서버의 개념도

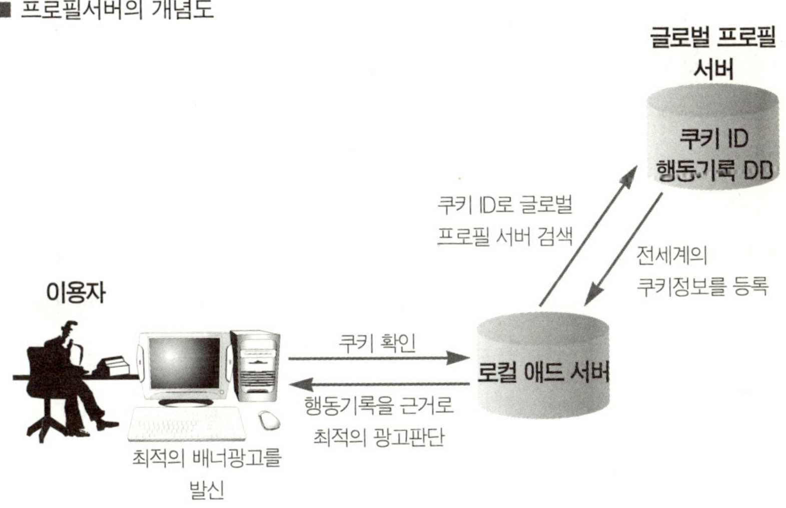

좀더 구체적으로 살펴보기로 하자.

A사 고객 가운데 DVD를 구입하지 않고 빌려보기만을 원하는 사람(X)이 있다면 그를 B사의 웹사이트로 유도한다. 이때 A사는 B사에 X의 구매경험을 '익명정보'의 형태로 제공한다. 그러면 B사에서는 웹사이트를 처음 방문한 X에 대해 마치 자사의 웹사이트에 자주 접속하는 단골 이용자처럼 적절히 대응할 수 있게 된다. 역으로 B사에서 A사로 정보를 제공하는 경우가 얼마든지 있음은 물론이다.

고객프로필 데이터베이스의 상호접속은 DB설계만 정확히 한다면 별다른 기술적인 어려움은 없다.

'외부 프로필 데이터베이스 참조'라는 업체간 제휴패턴은 배너광고업계의 주류로 점차 자리를 잡아가고 있다. 앞으로 '일대일 마케팅'을 위한 웹사이트 구축을 계획하고 있는 기업이라면 반드시 참고해야 할 핵심사항인 것 같다.

인터넷마케팅 기법 ③
개인전용 홈페이지

인터넷상에서 일대일 마케팅을 실현함에 있어 가장 기본적인 것은 무엇일까? 그것은 아마도 개인전용 홈페이지(Personalized Web), 즉 '이용자에 따라 표시되는 내용이 다른 개인맞춤형 홈페이지'일 것이다.

월드와이드웹(WWW)은 HTML언어로 작성되어 있으며, 정보요구가 있을 때 비로소 전송이 이루어지는 이른바 '주문형'(On Demand) 서비스라고 할 수 있다. 인터넷의 보급 초기에는 서버에 저장되어 있는 HTML 문서들을 획일적으로 제공하는 형태가 대부분이었다. 그러나 기술 발달과 함께 데이터베이스의 정보를 검색, 그때그때 HTML문서를 자동 생성하여 전송하는 것을 간단하게 처리할 수 있게 되었다. 즉, 웹사이트에 접속한 사람에 대해, 개인적 속성을 데이터베이스로부터 참조해 가면서, 그 사람만을 위한 전용 컨텐츠를 표시하는 것이 가능해진 것이다.

개인전용 홈페이지는 특히 증권회사나 투자컨설팅회사의 웹사이트에서 선진적으로 도입된 바 있다. 증권회사의 경우 고객의 최대관심사는 투자종목의 주식시세 변동과 신규투자 대상에 대한 정보다. 보유종목을 등록하기만 하면, 주가변동을 리얼타임으로 화면에 표시하는 것은 간단하다. 그렇지만 신규투자 종목이니 금융상품 등에 관한 정보는 고객의 자산액, 선호도 및 성격 등에 따라 추천내용도 달라지기 때문에, 적확한 일대일 대응이 이루어지지 않으면 안 된다. 이런 경우에, 마치 증권회사 담당직원과 같은 역할을 수행하는 것이 개인전용 홈페이지다.

개인맞춤형 웹서비스를 잘 보여주고 있는 사례가, 오라클과 CNN이 공동 개발한 CNN 커스텀 뉴스(CNN Custom News)이다. 첫 페이지에서 회원으로 가입하여 관심 분야나 좋아하는 스포츠 등을 등록해 두면, 다음 번 웹사이트에 접속할 때에는 관계 있는 뉴스가 우선적으로 표시된다. 예를 들어 주식투자에 관심 있는 사람이라면, 주식시세를 먼저 표시하도록 만들 수 있다.

이것은 이용자 한 사람 한 사람에 대해 개인맞춤형 온라인신문을 제공하고 있는 것과 마찬가지다. 앞으로 키워드를 더욱 세분화함으로써 필요한 기사 내용만을 제공하는 뉴스클리핑 서비스도 등장하는 등, 점차 이용자에게 편리한 서비스로 발전할 것으로 기대된다.

일반적으로 개인전용 홈페이지에 접속할 때에는 ID와 비밀번호를 요구하는 것이 보통이다. 하지만 쿠키를 잘 활용하면, 두 번째 접속시점부터는, 동일한 컴퓨터와 브라우저를 사용하는 한에 있어서는 확인절차를 생략할 수 있다. 마치 얼굴이 잘 알려진 단골손님을 신분증 확인 없이 그대로 입장시키는 격이다. 접속할 때마다 'ㅇㅇ님, 반갑습니다.'라는 메시지와 함께 이용자가 가장 관심을 가질 만한 정보를 우선적으로 표시하는 것은 물론이다.

개인전용 홈페이지에는 대체로 다음과 같은 두 가지 유형이 있다.

한 가지 유형은 앞서 언급한 증권회사의 경우처럼, 고객 편의를 도모하여 고객만족도를 높이는 데 주된 목적이 있는 것이고, 다른 한 가지는 다음에 설명하게 될 CDNOW와 같이, 추천상품을 표시한 뒤 그것에 대한 반응을 기록해 가면서 행동기록을 수집하기 위한 유형이다. 물론 전자의 경우에도 웹사이트에서의 행동기록을 수집하여, 고객프로필을 분석하는 작업이 필요하며, 후자 역시 단순히 고객반응을 조사하는 데 그치지 않고 교차판매 등에 활용함으로써, 재구매율을 높이고 고객만족을 실현하는 데 큰 도움을 받을 수 있다.

개인전용 홈페이지를 제공하기 위한 시스템은, 전용 소프트웨어가 다수 개발되어 있기 때문에, 기존 데이터베이스와 연동시켜 비교적 간단하게 도입할 수 있다.

미국에서는 브로드비전(BroadVision)의 'One-To-One' 등 개인전용 홈페이지 개발 툴을 도입하고 있는 웹사이트가 늘어나고 있다. 일본에서는 파트너즈투신(パートナーズ投信)의 '파트너즈웹', 일본휴렛패커드의 'HP PLAZA', 그리고 소네트(ソネット)가 운영하는 의료정보사이트 'MyMedipro'가 대표적인 예이다.

'One-To-One'에는 누가 어떤 웹페이지를 열람하였는지에 관한 행동데이터를 추적하여 자동적으로 데이터베이스에 저장하는 기능이 구비되어 있다. 이것에 의해 '어떤 속성을 가진 사람이 어떤 페이지를 열람하면, 이러저러한 상품에 대한 안내정보를 자동적으로 표시한다'는 규칙을 설정하는 것이 가능하다.

그런데 내부적으로 들여다보면 'One-To-One'과 같은 마케팅 툴이

생성하는 것은, 실은 변수의 라이브러리에 지나지 않는다. 따라서 데이터베이스를 구축하고 웹서버용 애플리케이션을 개발하면, 굳이 'One-To-One'과 같은 개발 툴에 의존하지 않고서도 개인전용 홈페이지를 개설하는 것은 얼마든지 가능하다. 그러나 개발 비용과 개발 기간 등을 고려하여, 그런 종류의 패키지를 도입하는 웹사이트가 많은 것으로 생각된다.

이해를 돕기 위해 개인전용 홈페이지 개발용 패키지의 구조를 좀더 자세하게 설명하는 것이 좋을 것 같다. 고객의 과거행동에 따라 웹페이지를 자동 생성해 주는 '인게이지 프로필서버'의 경우를 예로 들어 살펴보자. 이 패키지에는 고객등록정보, 과거의 구매경력 및 웹사이트에서의 행동기록 등을 기초로 약 800개의 항목에 대한 관심도를 수치화하여 기록하도록 되어 있다.

가상의 고객을 설정하여 이야기를 진행시켜 보자. A씨는 개인정보를 사전 등록할 때, '자동차'에 대한 관심을 전혀 표시하지 않았다. 하지만 신차정보에 대한 페이지를 자주 열람하기도 하고, 자동차판매회사의 배너광고를 클릭하는 횟수가 많은 편이다. 이렇게 되면 서서히 '자동차'라는 항목에 대한 수치가 상승되고, 다시 그 수치가 정해진 경계점을 넘어서게 되면서 그때부터는 A씨의 개인전용 홈페이지에 자동차에 관한 정보가 자동적으로 표시되는 것이다.

그리고 이처럼 행동기록의 데이터베이스를 참조하여, 표시되는 컨텐츠를 변화시키는 기술은, 추천정보제공 서비스(Recommendation Service)에서도 볼 수 있다.

인터넷마케팅 기법 ④
추천정보제공 서비스

현재 인터넷에 있어 '일대일 마케팅'의 유력한 수단 가운데 하나로 주목받고 있는 것이 '추천정보제공 서비스'이다. 이것은 독자적인 알고리즘을 통해 고객기호를 유추해 내고, 이를 바탕으로 구체적인 상품 및 서비스를 추천하는 서비스를 말한다.

비유적으로 표현하자면, 숙련된 판매원이 옷차림이나 어림나이로 재빠르게 고객의 마음에 들만한 물건을 골라 매상을 올리는 것쯤으로 생각하면 될 듯 한데, 이것을 가능하게 하는 기술이 공동필터링(Collaborative Filtering)이다.

공동필터링이란 인공지능 분야의 기술에 속하는 것으로서, '신경망 네트워크(Neural Network)'로부터 파생된 기술이다. '규칙기반 필터링(Rule-based Filtering)'이라고 불리우는 유형화된 기술을 더욱 정교하게 만드는 동시에 자동화하는 기술이라 할 수 있다.

그러면 또 '규칙기반 필터링'은 무엇일까? 이것은 데이터베이스 마케팅에 있어서 DM을 발송할 때, 마케팅 담당자가 지금까지 수행해왔던 업무를 인터넷에 적용한 것이라 볼 수 있다. 쉬운 말로 설명하자면, 마케팅 책임자가 어떤 규칙을 정하면, 담당자가 그 규칙에 따라 마케팅활동을 전개하는 것이다. 규칙 중에는 개별고객에 대한 데이터에 기초한 것도 있지만, 책임자의 경험이나 개인적인 판단에 따른 것도 있다.

이 경우에는 규칙이 어떤 것이든지 간에, 그 규칙을 사람이 만든다는 사실 자체는 변함이 없다. 하지만 공동필터링에 있어서는 누군가가 규칙을 설정하는 것이 아니라, 데이터베이스에 축적되어 있는 정보로부터 규칙을 자동 생성하고 그것을 실행한다. 이 점이 바로 규칙기반 필터링과 구분되는 공동필터링의 가장 중요한 특징이다.

규칙을 설정하는 것은 매우 어려운 문제로 고도의 기술이 요구되는데, 그것이 자동적으로 처리되는 과정은 다음과 같다. 고객에 관한 데이터는 상호 관련된 일련의 변수들로 정의된다. 개별고객이 입력한 정보나 구매

경력 등은 통계적으로 처리되어, 변수값의 집합으로 변환된다. 그 다음 유사한 변수값 집합을 가진 다른 고객의 정보와 비교함으로로써, 다른 상품에 대한 흥미가 있는지를 판단하게 된다.

공동필터링에서는 신상품 구입 또는 매번 웹사이트에 접속할 때마다 취한 행동 등, 고객의 새로운 행동에 대한 데이터가 지속적으로 축적된다. 그에 따라 고객정보가 증가하고 변수값의 집합도 갱신되는 등 계속적으로 변화해 간다. 다양한 변수값들에 대한 평가는 정기적으로 이루어지며, 각각에 대한 가중치를 필요에 따라 수정한다. 그리고 각 변수에 대한 중요도는 시스템에서 자체적으로 판단한다.

한편 고객에 대한 추천의 방식은 다음과 같은 세 가지 종류로 나눌 수 있다.

① 설문조사 결과에 의한 추천
② 규칙에 의거한 추천
③ 공동필터링에 기초한 추천

이 가운데 첫 번째는 흔히 신용카드 신청용지에서 보는 것처럼, '흥미 있는 항목을 선택해 주십시오'와 같은 설문조사를 통해 응답을 구하는 방법이다. 비디오를 판매하는 웹사이트에서, '신착비디오 정보를 열람하시고, 흥미 있는 장르를 선택해 주십시오' 하는 메시지와 함께, 설문조사를 위한 화면을 띄운 후, '외화(로맨스)'라든가 '일본애니메이션' 등의 체크박스에 표시를 하도록 하는 것이 그러한 예다.

어떻게 보면 이 방식은 고객이 스스로 응답한 정보라는 점에서 무난한 방법이라고 할 수 있을지 모르지만, '잠재적인 사용자 요구'를 파악하는 데에는 아무래도 모자란 부분이 있다.

두 번째는 앞서 이메일의 자동화를 설명하면서도 언급한 바 있지만, 고객데이터베이스로부터 일정한 조건을 만족하는 사람을 추출하여 집단을 구분하고, 각각의 고객집단에 맞는 상품 및 서비스를 추천하는 방식이다. 예를 들어 '매디슨 카운티의 다리'라는 영화를 극장에서 관람한 사람들에게 설문조사를 실시하여, '기혼여성, 30~45세, 자녀가 1~2명인' 사람들이 호감을 나타냈다는 결과를 얻었다고 하자. 이때 고객데이터베이스로부터 위의 세 가지 조건을 모두 만족하는 사람들을 추출하여, 그 영화의 비디오를 추천하는 것이 두 번째, 규칙에 의거한 추천방식이다.

세 번째 방식, 즉 공동필터링에 기초한 추천은 가장 정교한 방식이라 할 수 있다.

먼저 연령이나 직업 등의 속성에 기초한 판단에 의거하여, 몇 가지 아이템을 추천한다. 이 단계에서는 아직 개인정보가 그리 많지 않기 때문에 정확도가 높은 추천을 기대할 수는 없다. 이어 최초로 추천한 아이템에 대해, '선호도'와 '관심여부', 그리고 '이미 구입했는지' 등의 사항을 평가한다. 이 같은 평가가 개인정보로 계속 축적되어 가면, 점차 정확도가 높은 추천이 이루어지게 된다.

간단한 표를 통해 그 원리를 이해하는 것이 좋을 것 같다.

다음의 표는 구입고객이 과거에 어떤 아이템에 대해 어떤 평가를 해왔는지를 기록한 데이터베이스이다. 여기에서는 편의상 5단계 평가를 하기로 한다. 공란은 아직 평가가 이루어지지 않았음을 뜻한다.

ID가 001인 구입고객은 A라는 아이템에 대해서는 관심이 가장 높은 데 비해, D에 대해서는 싫어하는 것으로 평가하고 있다.

이런 식으로 고객의 평가 데이터를 채워나가면, 어느 정도 수준에 다다랐을 때, 수학적 해석에 의해 유사성을 수치로 표시하는 것이 가능해진다. 표에서 보는 것처럼, ID 005인 고객은 현재까지 G라는 아이템에 대

상품명 구입고객 ID	A	B	C	D	E	F	G	H
001	5	3		1	4	3		
002		5	3	2		4	5	4
003	4	2		1	5	4		3
004	2		5	4	1		2	4
005		5	3	3		5	?	4
006	1	2	4		3		4	

해 평가를 내리지 않고 있다. 하지만 그 고객과 유사성이 높은 다른 고객의 평가 패턴으로부터, G에 대한 관심이 많을 것이라 예측할 수 있다(정확하게 말하면 예상 평가점수가 4.76 등으로 산출된다).

요약하면 공동필터링은 '평가'에 의해 얻어진 변수를 해석하여, 아직 평가가 이루어지지 않은 항목에 대한 평가를 예측하는 기술이라고 표현할 수 있다.

계속해서 설명을 이어나가면, 결국 표의 모든 공란이 채워지고 평가점수가 4.5이상, 다시 말해 관심이 가장 많은 최고값 5에 가까운 아이템들이 선별된다. 이런 아이템들에 대한 추천정보를 담아 이메일을 각각의 고객에게 발송하면, 높은 응답률을 기대할 수 있다.

이 방식의 문제점은 어떤 요인에 의해 평가점수가 높게 나타나게 된 것인지 명확하게 규명할 수 없다는 것인데, 이것을 알고리즘으로 만들어 패키지화한 것이 네트 퍼셉션(Net Perception)의 '레커맨데이션 엔진

(Recommendation Engine)' 등의 소프트웨어 툴이다.

추천정보제공 서비스가 개인전용 홈페이지나 이메일의 자동화 등과 밀접한 관계가 있다는 것은 두말할 필요가 없다. 특히 이메일의 자동화와 연계하여 상승 효과를 거둘 수 있도록 운용하는 것이 대단히 중요하다.

M&A를 통해 점차 취급품목의 범위를 확장시켜 가고 있는 아마존을 보면, 그야말로 모든 종류의 제품에 대해 추천정보를 제공하겠다는 전략을 지향하고 있는 것으로 생각된다.

추천정보서비스의 개발 툴 가운데 대표적인 것은 네트 퍼셉션의 '레커맨데이션 엔진'으로 CDNOW와 아마존의 웹사이트 등에 도입된 바 있다. 일본에서도 사무용품 인터넷 판매를 하고 있는 아스쿨(アスクル)이 가까운 장래에 도입할 예정으로 알려져 있다.

3. 인터넷 비즈니스
성공 사례 분석

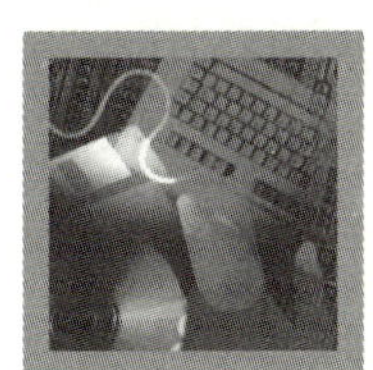

CDNOW:
일대일 고객서비스의 극대화

CDNOW(www.cdnow.com)는 인터넷상에서 가장 유명한 CD 판매점으로, 사업개시 이래 최선두에 나서 인터넷 비즈니스를 리드해 오면서 이미 명성을 확립한 기업이다. CDNOW가 현재 주력하고 있는 것은 추천정보서비스 기능, 다시 말해 '고객의 흥미를 끌 만한 상품을 일상적으로 판촉' 하는 것이다.

CDNOW의 웹사이트에서 회원으로 등록하면, ID와 비밀번호가 부여되고 개인전용 홈페이지를 제공받을 수 있다. 처음에 관심 있는 장르와 아티스트를 등록해 두면, 두 번째 접속할 때부터는 등록내용에 부합되는 6개의 CD타이틀이 소개된다.

그리고 추천상품으로 제시된 CD타이틀에 대해 각기 '관심 있다', '관심 없다' 등의 평가항목을 체크하면, 그 결과에 기초하여 다른 6개의 CD 타이틀이 다시 표시된다.

이것은 무작위로 표시되는 것이 아니라, CDNOW에서 보유하고 있는 1,600만 명에 달하는 데이터로부터 고객기호 패턴을 해석하여, 가장 관심이 많을 것이라 추측되는 타이틀을 선별하여 표시하는 것이다.

상점의 점원이 'A를 구매한 사람은 B도 구매하는 경우가 많다'는 과거의 기억을 살려, A를 주문한 고객에게 B도 함께 구매할 것을 권유하는 것과 똑같은 원리다.

CD나 서적 등 그 종류가 많은 상품의 경우에는, 고객의 입장에서도 관심 있는 모든 것을 전부 머리 속에 담아둘 수는 없다. 따라서 판매자에게는 고객의 잠재의식 속에 묻혀 있는 욕구를 일깨워서 교차판매를 할 수 있는지가 매우 중요한 문제이다.

그러나 패스트푸드점의 카운터에서처럼 획일적인 메뉴를 제시하는 모양이 되어버린다면, 도리어 고객에게 빈축만 살지도 모르는 일이다. 인터넷에서는 어디까지나 과거의 구매경험 또는 행동패턴으로부터 관심 있는 테마를 파악할 수 있다는 점을 잊어서는 안 될 것이다.

추천상품에 대한 평가와 구매가 반복되면 될수록, 추천상품이 고객의 마음과 맞아떨어질 정확도는 그만큼 높아지게 된다. 따라서 고객의 행동 하나하나는 고객의 요구를 파악하기 위한 귀중한 데이터로서 축적된다.

추천되는 타이틀이 시스템으로부터 던져진 질문이라고 한다면, 고객의 평가는 그것에 대한 대답이 되는 셈이다. 요컨대 레커맨데이션 과정은 고객과의 대화에 다름 아니다.

고객이 입력한 데이터가 축적되어 가면서, 고객이 관심을 가질 만한 확률은 높으면서 동시에 고객이 아직 구매하지 않은 타이틀에 대한 목록이 작성된다. CDNOW는 이것을 개별고객을 위한 전용 뉴스레터로서 자동화하여 발송하고 있다. 얼핏 보기에는 일반적인 뉴스레터 같지만, 내용은 사람에 따라 상이하다. 뉴스레터를 받는 사람의 입장에서는, 보통의 '홍보물'이라기보다 '사신(私信)'이라는 느낌이 들게 될 것이다. 이메일 자동화에 의해, 1,600만 명의 회원 모두에게 각기 다른 내용을 담은 DM을 발송하고 있는 셈이다.

■ CDNOW 고객맞춤형 홈페이지

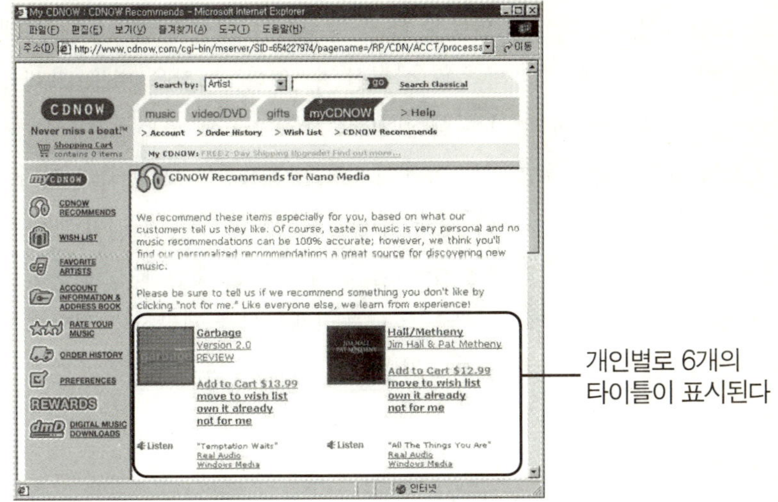

이제 **CDNOW**의 일대일 마케팅전략을 정리해 보자.

가장 먼저 회원 등록 시 간단한 속성에 대한 정보를 수집하고 설문조사를 통해 고객의 관심 분야를 파악한다. 그 시점에서 추천타이틀을 제시하고, 고객으로 하여금 발빠르게 평가를 내리게 한 후, 추천정보 서비스를 위한 학습시스템을 가동시킨다.

고객이 다음 번에 접속했을 때에는, 6개의 추천 타이틀을 표시한, 개인 전용 홈페이지를 열람할 수 있도록 한다. 물론 추천 타이틀은 30초 정도의 짧은 분량을 감상할 수 있도록 되어 있고, 마음에 들면 바로 그 자리에서 구입할 수도 있다.

몇 차례 접속을 통해 시스템의 학습능력이 향상되면, 정확도가 높은 '추천타이틀'의 리스트가 이메일로 고객에게 전송된다. 추천타이틀의 리스트는 신보를 중심으로 하고 있어, '신상품정보'로서의 가치도 있고 점점 더 고객의 구매욕구를 자극하게 된다.

무엇보다 이 전략의 특징은 이용하면 할수록, 추천의 정확도가 높아지고, 그것에 비례하여 고객만족도 역시 향상되는 것이다. 단골고객에게도 한층 더 수준 높은 고객만족을 실현할 수 있다. 이것은 바로 고객유지(Retention)와 재구매의 기본 핵심이다.

CDNOW가 채택하고 있는 마케팅전략은 점점 더 고도화되고 있다. 하지만 이같은 전략이, 아무나 쉽게 따라할 수 없을 만큼 아주 어려운 것은 결코 아니다. '일대일 마케팅'을 어떻게 대응해 갈 것인가에 대해 뚜렷한 방향만 잡고 있다면, 데이터베이스 애플리케이션을 개발하는 것만으로도 충분히 실현 가능한 전략임에 틀림없다.

온세일: 경매 과정의 실시간 통지

현재 인터넷경매는 인터넷 비즈니스 중에서도 가장 성공을 거두고 있는 사업의 하나다. 1998년에는 이베이가 주식공개를 하여 화제를 불러모으기도 했지만, 인터넷경매의 선구자는 역시 온세일이다.

이 회사는 1994년 캘리포니아주 마운틴뷰에서 창업한 이래, 업계의 선두주자 역할을 계속 유지해 왔으며, 1998년에는 컴퓨터 관련 제품을 중심으로 2억5천만 달러의 매상을 기록하기도 했다.

온세일의 경매시스템은 지극히 단순하다. 경매에 입찰하려는 사람은 사전에 회원으로 등록하여 ID와 비밀번호를 발급받아야 한다. 현재 입찰자격은 미국, 캐나다 및 푸에르토리코에 거주하는 자로 한정하고 있다.

경매는 공휴일을 제외한 평일 하루 24시간 동안 리얼타임으로 진행된다. 경매에 출품하는 사람 가운데 대부분은 현물을 급히 처분하여 현금화하고자 하는 도매상이나 중개상인들이다. 따라서 인터넷을 매개로 한 상품매매 중개업을 하고 있는 것이나 다름없다. 또한 온세일에서 직접 물건을 매입하여 경매에 출품하는 경우도 있다. 최근에는 컴퓨터관련 제품뿐만 아니라, 가전제품이나 주방용품, 전동공구 등으로까지 취급품목을 확대하고 있다.

회원제로 운영되고 있기 때문에, 입찰 시에는 ID와 비밀번호를 요구하도록 되어 있다. 경매에 출품된 목록과 경매 최고가는 누구라도 자유롭게 열람하지만, 입찰양식은 회원에 한해 열어볼 수 있다.

경매방식에 있어서는 '최저입찰가'가 정해져 있기 때문에, 어정쩡한 가격을 제시하거나 현재 최고가 이하의 금액으로는 입찰할 수 없다. 만일 최고가가 갱신되면, 변경 사실이 입찰자의 ID와 함께 곧바로 웹사이트에 반영된다.

온세일이 채택하고 있는 일대일 마케팅전략은, 이렇듯 경매가 진행되는 과정을 자동적으로 입찰자에게 통보하도록 한 것이다. 즉, 누군가 새로운 최고가로 입찰하게 되면, 그와 동시에 그때까지의 최고가 입찰자에게, 자동적으로 '귀하가 제시한 입찰 최고가가 갱신되었습니다.'라는 이메일이 발송된다. 메시지를 수신한 사람은 더 높은 가격으로 재입찰하거나, 아니면 입찰을 포기할 것인가를 차분하게 생각할 수 있게 된다.

현재 1일 약 3만5천 건의 입찰이 이루어지고 있는데, 앞서 설명한 내용에 따르사면 이것은 최고가의 갱신이 3만5천 번 있었다는 것을 의미한다. 즉, 1일 3만5천 통의 '경매 과정 통지메일'이 발송되는 것이다.

이 서비스는 회원들 사이에서 대체로 좋은 반응을 얻고 있다. 그 이유는 '모니터 앞에 줄곧 매달려 있지 않아도 되니까 편리하고, 메일이 도착하면 그때 웹사이트에 접속하면 되기' 때문이다. 경매 출품자로서도 이 서비스에 의해 입찰경쟁이 가열되어 입찰가가 상승하는 것은 환영할 만한 일이다.

경매기간은 일주일에서 열흘 사이인 경우가 많다. 경매마감 시간은 엄

격히 지켜지고 있는데, 마감이 임박하면 다양한 흥정이 숨가쁘게 이루어
져 매우 흥미롭다.

상시적으로 1만 점을 상회하는 상품에 대한 경매가 진행되고 있으며,
회원 수는 50만 명에 달하고 있다. 회원 가운데 남성이 압도적으로 많다
는 것도 하나의 특징이다. 이것에 대해 경쟁심을 자극할 뿐만 아니라 시
가보다 싼 가격으로 물건을 산다는 것에서 어떤 성취감을 느낄 수 있는
경매방식이, 상대적으로 남성에게 더 맞다고 보는 견해도 있다. 마치 게
임을 하는 것처럼 즐길 수 있고, 스릴도 만끽하는 등, 엔터테인먼트적인
요소가 강한 것도 인기 비결의 하나다.

앞으로는 과거 경매에 참가했던 데이터를 참조하여, 동일한 품목이 출
품되면, 그 사실을 자동적으로 이메일에 의해 통보하는 서비스도 등장할
전망이다. 이것 역시 과거의 입찰기록(행동기록)과 몇 가지 간단한 규칙
을 조합한 애플리케이션에 의해 어렵지 않게 실행할 수 있다.

참고 삼아 말한다면, 온세일은 오라클 데이터베이스를 채택하고 있으
며, 이메일 자동화를 위해서는 디지털 임팩트의 툴을 사용하고 있다.

카네보:
온라인과 오프라인의 효과적인 결합

일대일 마케팅은 광고와 마케팅 분야에서 폭넓게 활용되고 있는 기법
으로, 인터넷 비즈니스 또는 전자상거래에만 적용되는 개념은 아니다. 그
렇지만 인터넷이란 미디어는, 고객 한 사람 한 사람의 요구 및 대응 방법
을 축적하고 있는 데이터베이스와 쌍방향커뮤니케이션을 함께 활용함으
로써, 일대일 마케팅을 구체적으로 실천하기가 용이하다는 점에서 매우
밀접한 관계가 있다.

일대일 마케팅의 개념은 어떤 의미에서 고객과 기업 간의 학습관계라

할 수 있다. 종전의 매스마케팅이 기업으로부터 고객 또는 잠재고객에게 전달되는 일방향의 프로세스가 되는 경향이 있었던데 비해, 일대일 마케팅에서는 고객과 기업 사이의 커뮤니케이션 과정이 중시되고 있다.

학습관계란, 고객이 자신의 요구를 기업에 전달하고, 기업은 고객요구를 충족시키기 위해 대응하는 과정이 되풀이되면서, 점차적으로 고객충성도가 높아져 가는 일련의 관계를 말한다.

이러한 학습관계를 온라인과 오프라인을 절묘하게 결합하면서 실천해 가고 있는 한 가지 사례를 살펴보도록 하자.

카네보(kanebo.co.jp)는 1998년 8월 신제품 '프레야(FREYA, フレイア)' 출시에 앞서, 인터넷을 통해 1만 명 규모의 모니터요원을 모집했다. 모집 방법은 간단한 것이었다. 설문조사에 참여하는 선착순 1만 명에게 신제품 샘플을 제공한다고 통지했고, 그 결과 수많은 여성 신청자가 쇄도했다.

이처럼 인터넷 상에서는 흔히 모니터요원 선발을 위해 기념품을 제공하거나 설문조사 참여를 요구하는 경우가 많다.

모니터요원 신청 시 홈페이지에 올려진 설문조사에 응답하게 되면, '프레야 서포트 데스크' 시스템이 응답 내용을 분석하여 피부 타입을 판별하고, 그것에 맞는 샘플이 우송되었다.

그리고 나서 모니터요원으로 최종 선발된 사람들에게는 전용홈페이지를 통해 올바른 사용법 등 다양한 정보를 제공하였다.

이 과정에서 모니터요원이 웹사이트에서 어떤 행동을 했는지가 추적되었는데, 결과적으로 이것은 개개인의 요구를 파악하는 밑거름이 되었다.

모니터요원이 실제로 상품을 구입했을 때에는 회원 자격을 부여하여 전용 홈페이지를 이용하도록 했으며, 여기서 개인적 특성에 맞춘 컨텐츠를 제공했다. 또한 이메일에 의한 정보제공과 고객지원 서비스도 지속적으로 이루어졌다.

요약하면 프레야 웹사이트에서는 설문조사를 통해 획득한 고객의 속성과 관심영역 등에 대한 데이터를 분석하여, 사용자 집단을 유형별로 구분하였다. 그리고 홈페이지나 이메일을 통해 각 집단에게 서로 차별화된 컨텐츠를 제공함으로써, 최적의 개인맞춤형 서비스를 제공할 수 있었다.

프레야에 대한 인터넷에서의 온라인서포트는 신제품 발매 이후 6개월을 넘겨 1999년 3월까지 이어졌다.

카네보의 시도는 신제품 출시와 더불어 관심을 불러모으는 데 충분한 성공을 거두었다. 더욱이 1만 명의 모니터요원에 의한 간접적인 광고 효과를 고려하면, 비용 대비 실적 면에서 매우 효과적인 판촉활동으로 평가할 수 있을 것 같다.

그러나 카네보의 사례가 돋보이는 것은 단지 신제품의 광고 효과 때문만은 아니다. 모니터요원 모집을 통해 단기간에 잠재고객을 끌어들였으며, 전용 홈페이지와 이메일을 활용하여 구매욕구를 자극함과 동시에, 판매 이후의 고객지원에도 '일대일 마케팅'을 철저하게 구현할 수 있었다는 데 더욱 주목해야 한다. 즉, 신규고객 창출(Lead Generation), 고객유지(Retention), 및 고객지원(Cutomer Support) 등 일련의 고객업무에 있어, 인터넷과 오프라인을 적절하게 결합함으로써 '일대일' 대응이 가능할 수 있었던 것이다.

4. EMA는 최선의 마케팅도구인가

각광받고 있는 EMA 소프트웨어

웹마케팅의 자동화시스템이 빠른 속도로 발전하고 있다. 이른바 EMA(Enterprise Marketing Automation)라 불리는 것으로, 새로운 분야의 소프트웨어로서 자리 매김이 이루어지고 있는 중이다.

물론 여기서 말하는 자동화는, 제조 분야의 생산공정에 대한 자동화 같은 것과는 사뭇 의미가 다르다. 최근에 자주 거론되고 있는 키워드, SFA(Sales Force Automation)는, 직역하면 '판매원 자동화'가 되지만, 실제로는 '영업지원시스템'으로 번역하는 편이 훨씬 더 이해하기 쉽다. EMA 역시 그렇게 받아들이는 깃이 좋을 것 같다.

특히 웹서버용 EMA는 1998년 후반부터 점차적으로 등장하기 시작했는데, 오라클 데이터베이스 등과 연동되어 웹마케팅을 자동적으로 설계, 실행할 수 있다. 구체적으로 기능을 살펴보면, 캠페인 설계, 세분화, 고객프로필 수집, 신규고객 관리, 커뮤니케이션, 고객행동의 추적과 분석·평가 및 보고 등 거의 모든 분야를 망라한다.

이러한 EMA 소프트웨어에 있어서는, 고객프로필을 기초로 개인전용 홈페이지나 이메일을 자동 생성하는 등의 '일대일 마케팅'이 기본 핵심요소가 되고 있다.

EMA에 의한 마케팅 효과 극대화

기업에서는 제각기 차별화된 목적을 가지고 EMA 개발을 추진하고 있지만, 기능 면에서 보면 개인전용 홈페이지, 이메일의 자동생성 및 고객정보에 기초한 배너광고 등 공통점이 많다.

일반적으로 EMA는 몇 개의 모듈로 나눌 수 있다. 예를 들어 대표적인 벤더, 아눈시오(Anuncio)의 EMA 소프트웨어를 살펴보면, '마케팅캠페인 관리', '고객프로필 수집' 및 '고객정보 분석'의 3대 모듈로 구성되어 있음을 알 수 있다.

루브릭(Rubric)에서는 EMA의 도입 효과를 '마케팅 사이클'의 자동화라는 말로 설명하고 있는데, 표에서 보는 바와 같이 일곱 단계로 이루어져 있다.

표에 나타난 것과 같은 일련의 과정을 자동화함으로써, 마케팅 효과를

■ 마케팅 사이클 자동화의 7단계

① 캠페인 설계
② 대상 세분화 및 목표집단 설정
③ 캠페인 실시
④ 고객반응 관리
⑤ 자동화된 고객대응
⑥ 신규고객 창출
⑦ 지속적인 고객관계 유지
⑧ 캠페인 효과 측정

극대화하기 위한 도구가 바로 EMA라 할 수 있다. 좀더 구체적으로 말해서, 교차판매와 상향판매의 자동 수행에 의해, 보다 수익성 높은 웹사이트 구축을 지원하는 것도 EMA가 가져다주는 장점 가운데 하나다.

EMA 도입의 성공 사례와 향후 전망

EMA 벤더는 잘 알려져 있는 회사만 해도 다섯 개 이상이 된다. 일반적으로 EMA의 도입 비용은 결코 적지 않다. 소프트웨어를 구입하는 데에만 10만 달러 정도 소요되는 것이 보통이고, 도입 시 컨설팅과 교육, 나아가 시스템 설치까지 일괄 처리하는 경우에는 적어도 15만 달러 이상을 각오하지 않으면 안 된다. 물론 데이터베이스 구축은 비용에 포함되지 않는다.

높은 비용에도 불구하고 1998년 후반 출시된 이래, EMA 소프트웨어들은 아직까지 업그레이드 버전을 내놓지 않고 있는 실정(2000년 1월 현재)이며, 효과 또한 본격적으로 검증된 바 없다. 따라서 앞으로 EMA의 사업성이 분명하게 입증되기 위해서는, EMA를 도입한 기업에서 어느 정도까지 성공 사례가 출현할 것인가에 달려 있다고 해도 과언이 아니다.

그러던 중 1998년 12월, 넷스케이프(Netscape)가 자사의 포탈사이트 '넷센터(Netcenter)'에 아눈시오의 EMA 시스템을 도입한다고 발표하였다. 이어 이듬해 1월부터는 '넷센터'에서, 1,100만 명의 회원을 대상으로 개인맞춤형 뉴스메일을 발송하고 관심 있는 주제에 대한 배너광고만을 표시하는 서비스를 개시하였다.

넷스케이프에서는 EMA 도입에 의해 고객요구를 보다 상세하게 파악하고, 기업에 대한 고객충성도를 한층 더 높일 수 있을 것으로 기대하고 있다.

이 회사의 마케팅담당 임원의 말에 의하면, '한때 고객의 요구를 수렴

하기 위한 시스템의 독자 개발을 검토하기도 했지만, 같은 기능을 구비한 EMA를 도입하는 편이 비용 면에서 유리하다는 판단을 하게 되었다'고 한다.

웹브라우저 시장에서 열세를 면하지 못하고 있는 넷스케이프가 아눈시오의 EMA 도입에 의해 어느 정도 성과를 거둘 것인가 업계 전체가 주목하고 있는 중이다.

또한 1999년 2월에는 루블릭(Rublic)이 휴렛패커드와 공동으로 고객센터를 지원하기 위한 EMA 시스템을 개발하였다고 발표하였다. 이것은 웹마케팅과 고객센터를 연계시킨 것으로서 한층 더 수익률을 향상시키고 동시에 경비절감 효과를 가져올 것으로 기대되고 있다. 구체적으로 말하면 고객센터가 인터넷 마케팅의 한 부분으로 편입되고, 다양한 마케팅 수단—전화, 팩스, 동영상, 채팅 등—을 활용함으로써 한층 더 밀착된 고객 서비스를 제공할 수 있는 것이다.

EMA는 그 효과가 점차 입증되면서, 응용분야가 급속히 확대되어 가는 양상을 보이고 있다. 자체적으로 애플리케이션을 개발하지 않는 기업이라면 한번쯤 도입을 검토할 만한 가치가 있다고 생각된다. 다만 EMA는 어디까지나 기존의 데이터베이스를 효과적으로 활용하기 위한 수단임을 잊어서는 안 될 것이다. 마케팅의 성과가 나타나는 것은 데이터베이스가 구축된 이후의 일이다.

3

일본의
인터넷 비즈니스 현황

1. 시작단계에 불과한 일본 EC 시장

미국에 크게 뒤떨어진 일본 시장

거듭 지적할 것도 없이, 인터넷 비즈니스에 있어서는 일본이 미국에 크게 뒤떨어져 있다.

소비자 대상의 판매시장(B2C)만 비교하더라도, 매출 규모에서 대략 10배 정도의 차이가 난다. 예를 들면 1998년 현재, 미국 시장은 80억 달러에서 100억 달러로 추정되고 있는 데 비해, 일본은 겨우 10분의 1 정도에 불과한 것으로 알려지고 있다.

기업간 거래(B2B)에 있어서는 그 격차가 더욱 벌어져서, 미국의 시장 규모는 일본과 비교할 수 없을 만큼 압도적으로 크다. 리서치 회사의 예측에 따르면, 1999년에는 1,380억 달러규모이지만, 2003년이 되면 5,410억 달러에 이를 것으로 내다보고 있다.

이와 같은 미일간 시장 규모의 차이는, 미국의 인터넷 이용자가 일본의 약 7배에 달한다는 점에서 우선 그 원인을 찾을 수 있다. 미국의 인터넷 이용자에게서 볼 수 있는 특징으로는 '성별의 비율이 대체로 동등하고', '전체 이용자의 40%가 40대 이상이며', '약 80%가 온라인 쇼핑의 경험이 있다'는 것 등을 꼽을 수 있다.

신용카드를 사용하는 것에 익숙해진 탓도 있겠지만, 단적으로 100달러 이상의 제품에 대한 구매경험이 있는 사람이 약 40%를 차지하고 있는 것만 보더라도, 미국에서 온라인 쇼핑이 어느 정도 보편화되어 있는가를 어렵지 않게 알 수 있을 것으로 생각된다.

자금, 스피드, 노하우가 성공 요인

일본의 인터넷 이용자는 2002년에 2천만 명까지 증가할 것으로 예측되고 있다. 이러한 수치는 현재의 미국과 비교하여 여전히 적은 것이지만, 시장 규모가 확대될 것이라는 점만은 충분히 기대할 수 있다. 그렇지만 일부 전문가들은, 일본에서의 인터넷 비즈니스가 미국에서와 같이 폭발적으로 성장하지는 않을 것이라 내다보고 있다.

그렇게 전망하는 데에는 몇 가지 이유가 있다. 첫 번째 이유는 자주 지적되고 있는 것처럼, 일본에서는 진정한 의미의 '벤처 캐피탈'이 존재하고 있지 않다는 점이다. 현재 미국에서 1억 달러 규모의 매출을 기록하고 있는 벤처기업들의 경우, 창업 당시는 소수의 인원만으로 시작한 경우가 적지 않다. 하지만 자금에 있어서는 사정이 다르다. 차차 사례를 보게 되면 알겠지만, 성공적인 웹사이트를 구축하기 위해서는 적지 않은 자금이 소요되는 것이 보통이다. 예를 들면, 음반 CD 판매로 인터넷 비즈니스의 신구자격 존재가 된 CDNOW의 경우에도, 데이터베이스와 멀리 떨어진 물류센터 사이를 직접 네트워크로 연결하는 것을 비롯하여, 시스템구축에 투입된 비용은 대략 45만 달러에 달한다. 인력은 소수의 인원으로도 가능하지만, 역시 자금은 어찌할 수 없는 것으로 보아야 할 것이다.

인터넷 비즈니스는 어떤 의미에서 속도의 승부다. 따라서 당초 예상한 성장속도가 계속 유지될 수 있도록, 사전에 확장성을 고려하여 시스템을 구축하지 않으면 안 된다. 막상 거래가 본격화되고 주문이 쇄도하기 시작했을 때 비로소 시스템 업그레이드에 착수한다면, 속도에서 뒤떨어질 수밖에 없기 때문이다.

이 점은 성공을 거두고 있는 기업의 시스템 담당자들이 이구동성으로 지적하고 있는 사항이다. 인터넷 비즈니스에 있어서는, 기술동향 및 고객 요구에 발빠르게 대응할 수 있는 유연성과, 주문이 빠르게 증가하더라도 안정적으로 시스템을 운영할 수 있는 확장성이 시스템 구축의 관건이라 해도 결코 틀린 말이 아니다.

문제는 미숙한 마케팅전략

일본이 인터넷 비즈니스에 있어 미국에 크게 뒤떨어진 또 하나의 이유 는, 마케팅전략이 미숙하다는 점이다. 미국의 웹사이트들은, 전략적으로 개인정보를 수집하여, 매우 효과적으로 비즈니스에 활용하고 있다. 물론 이것은 첨단 인터넷 기술을 능숙하게 사용하고, 또 그것을 가능케 하는 시스템이 사전에 구축되어 있어야 한다는 것을 전제로 한다.

미국과 대조적으로 일본의 기업들은 데이터 수집이 여러 가지 면에서 미흡할 뿐 아니라, 설혹 데이터를 보유하고 있을지라도 좀처럼 잘 활용하 고 있지 못한 것이 현실이다. 일례로 신용카드 회사들은 고객의 구매경험 에 대한 방대한 데이터를 보유하고 있음에도 불구하고, 지금까지 이것을 제대로 활용하지 못해왔다. 일본의 한 회사가 데이터를 기초로 마케팅의 초보적인 수법을 사용하여 DM을 발송한 일이 있었는데, 그 결과 평균 응답률이 1%로부터 3%로 상승하였다. 이 일이 뉴스거리로 모 잡지에서 크게 다루어질 정도니까, 일본의 마케팅 수준에 대해서는 굳이 설명이 필 요 없을 것이다.

인터넷과 관련해서는 사정이 더욱 딱해서, 데이터베이스 마케팅이라고 부를 만한 마케팅은 거의 전무하다고 해도 과언이 아니다. 기껏해야 앞장 에서 설명한 시세이도의 예가 주목받고 있는 정도에 불과하다.

  인터넷상에서의 바람직한 마케팅전략, 그리고 그것을 실현할 수 있는 데이터베이스와 서버를 포함한 시스템 기반의 토대 등, 미국의 성공 사례에서 배워야 할 것은 한두 가지가 아니라고 단언해도 좋을 것 같다. 유감스러운 일이지만, 일본은 인터넷 비즈니스에 있어 단지 시장 규모 면에서만 뒤쳐져 있는 것이 아닌 것이다.

2. 미국과 일본의 네트워크 환경 비교

인터넷에서 비즈니스 기회를 포착

정확하게 인터넷 문화라고는 말할 수 없지만, 인터넷 비즈니스에 있어 미일간에는 어떤 환경의 차이가 존재한다. 이것에 대해 자세하게는 아니더라도 어느 정도 개요를 이해하는 것이 좋을 것 같다. 미국의 인터넷 비즈니스 성공 사례를 분석하는 것은, 가까운 미래에 전개될 일본의 상황을 예측하는 데 도움이 된다는 측면도 있지만, 다른 한편으로 양국 사이의 네트워크 환경이 얼마나 다른지를 손쉽게 파악하는 계기도 제공한다.

만일 '특정 형태의 인터넷 비즈니스가 일본에서만 성공을 거둘 수 있다'고 한다면, '미국이 아니고서는 채산성을 생각할 수 없는 인터넷 비즈니스도 있다'는 말도 성립된다. 그렇다고 해서 인터넷에서 국경이라든가 국가별 제도의 차이를 논하는 것은 별 의미가 없으며, 본래 글로벌한 규모로 사업을 전개할 수 있는 것이 인터넷의 특징이라는 점을 부정하자는 뜻은 아니다. 그럼에도 불구하고 필자가 강조하고자 하는 것은, 각국의 네트워크환경을 무시한 채 인터넷 비즈니스를 수행한다는 것도 현실적으로는 쉽지 않다는 사실이다.

책 앞머리에서 이미 언급한 바 있지만, 미국에서는 주식공개를 하는 인터넷 관련 기업들이 점차 늘어나고 있다. 또한 인터넷 산업도 어엿한 산업분야로 자리를 잡아가고 있는 실정이다. 언젠가는 일본도 그 뒤를 따르게 되겠지만, 아직까지는 아무래도 미국의 환경에는 훨씬 못미친다고 할 수밖에 없다.

그렇다면 인터넷 비즈니스의 급속한 발전을 이루고 미일간 격차를 줄여 나가기 위해, 일본이 우선적으로 추진해야 할 국가적 과제는 무엇일까? 이런 종류의 문제는 일개 기업의 웹마스터가 머리를 싸매고 고민해야 할 것은 아닌지도 모르지만, 상황을 파악해 두는 것도 전혀 쓸모 없는 일은 아닐 것이다.

필자 나름의 생각에 의하면, 실제로 인터넷을 비즈니스에 활용하는지의 여부를 판단하는 기준은 인터넷에 대한 의식과 이용자세다.

실례를 들어 설명하기로 하겠다. 어떤 고객의 의뢰로 상품에 관한 시장조사를 했을 때의 일이다. 필자는 관계 있는 것으로 생각되는 뉴스그룹에 상품출시를 알리는 메시지를 게시했다. 이렇게 하면 관심 있는 기업들로부터 문의가 오기 때문에, 그 반응도를 살펴 개략적인 시장성을 예측하는 것이 가능하다. 사흘 안에 5개 회사로부터 반응이 있었다. 그런데 놀라운 것은 그 가운데 한 곳이 업계에서도 이름이 잘 알려진 미국 회사였는 점이다. 한술 더 떠서 연락을 취한 당사자는 다름 아닌 그 회사의 사장 자신이었다.

작은 예에 불과하겠지만, 이처럼 미국에서는 기업의 최고경영자라 할지라도 인터넷을 진정 '비즈니스 기회를 포착하는 장소'로 인식하고 있음을 알 수 있다. 회사를 다니고 있는 독자라면, '우리 회사 사장님은 어떨까' 한 번쯤 생각해 보기 바란다.

미국의 벤처기업 환경

인터넷 비즈니스를 창업하기 위한 조건 역시 미국은 일본과 비교할 수 없을 정도로 유리하다.

유리한 조건 가운데 가장 먼저 들 수 있는 것은 규제 완화에 힘입어 다양한 사업분야에 시기를 놓치지 않고 진출할 수 있다는 점이다.

통신인프라가 잘 정비되어 있는 것은 물론이고, 대용량의 전용회선 사용료 또한 일본의 1/5에서 1/10 정도밖에 되지 않는다. 당연한 말이지만, 창업 비용을 절감할 수 있는 만큼, 가격 경쟁력이 높다.

미국에서는 벤처기업을 후원하는 분위기가 정착되어 있고, 실적이 없는 젊은이라 할지라도 벤처캐피탈이나 엔젤이라고 불리우는 개인투자자로부터 창업자금을 조달하는 것이 비교적 용이하다.

또한 미국 주식시장의 공개기준을 살펴보면, 일본의 그것에 비해 대단히 문턱이 낮다. 창업직후 정상매출을 올리지 못하고 있는 동안에도 얼마든지 주식공개를 할 수 있고, 시가대로 주식을 발행하여 자금을 조달하는 것이 가능하다. 최근에는 주식공개를 거치지 않고 인터넷 상에서 주주를 모집하는 새로운 수법까지 등장하고 있는 실정이다. 뿐만 아니라 증권관리위원회(SEC: U.S. Securities and Exchange Commission)에 구비서류를 제출하는 것만으로, 증권회사를 거치지 않고, 인터넷에서 직접 주주로부터 출자금을 모금할 수 있도록 되어 있다. 일본 벤처기업의 입장에서는 부럽기 짝이 없을 뿐이다. 그도 그럴 것이 일본 벤처기업이 안고 있는 문제 가운데 대부분이 '자금조달'에 관한 것이기 때문이다.

그렇지만 그저 '미국은 좋은데'라는 감탄사만 늘어놓고 있을 상황은 아니니, 미국의 제도를 적극적으로 이용하는 방법을 강구해 보면 좋을 것 같다. 한편에서는 미국의 나스닥시장에 주식을 공개하는 일본의 벤처기업도 등장하고 있다.

도전 정신이 가득 찬 학생들이 희망

끝으로 거론하고 싶은 것은 기업가 후보를 양성하는 기관으로서의 대학의 역할에 대한 생각이다.

미국의 대학에서는 학생 신분으로 창업하는 것을 적극적으로 권장하는가 하면, 교수 자신이 경영컨설턴트로서 후원을 아끼지 않거나 벤처캐피탈과 연계시키는 데 있어 중재 역할을 마다하지 않는 등 최선의 환경을 제공하고 있다. 무엇보다도 도전 정신이 강한 학생이 풍부한 자금 지원을 받아 인터넷 비즈니스에 돌연 등장하는 일이 빈번하기 때문에, 미국의 인터넷 비즈니스가 활기에 차 있다는 지적은 충분히 수긍할 만하다.

일본에서도 비록 늦게나마, 일부 사립대학에서 창업에 관한 강좌를 개설하는 등, 나름대로 노력을 기울이고 있으나, 아직까지 제 기능을 다하지 못하고 있는 것이 현실이다.

이런 사정을 심각하게 받아들이지 않고 그냥 넘겨 버린다면, 인터넷 비즈니스에 있어 미국과의 격차는 좀처럼 좁혀지지 않을 것이라는 게 필자의 생각이다. 최근 들어 필자에게 상담해오는 대학생들이 점차 늘어나고 있어 마음이 든든하긴 하지만 이들을 마땅히 지원할 기관이 없어 안타깝기 그지 없는 심정이다. 필자 역시 미약하나마 그들을 돕고자 하는 생각이 굴뚝 같지만, 시간에 쫓겨 좀처럼 그렇게 하지 못하는 것이 미안할 따름이다.

3. 일본의 인터넷 비즈니스 현황

일본 인터넷 시장 규모는 2천만 명

일본의 인터넷 이용자는 2000년에 2천만 명을 돌파할 것이라고 전망되고 있다. 그러나 발표되는 통계자료에 따라 상당한 편차가 있는데, 과연 실체는 무엇일까?

조사결과를 발표시점에 따라 정리하면 다음과 같다. 닛케이BP(日經BP) 인터넷시청률센터에서 실시한 '제5회 인터넷보급률조사'에 의하면, 1999년 3월 현재 과거 1개월 동안의 이용자는 1,280만 명. 이어 일본리서치센터 옴니버스 서베이(NOS)에서 3개월 간의 개인이용률 평균을 기초로 산출한 통계수치로는 1999년 5월 현재 1,243만 명이다.

또한 1999년 6월에 출간된 '인터넷 백서'에는 일본인터넷협회와 임프레스가 공동 조사한 결과가 수록되어 있는데, 여기에서는 인터넷 이용자가 전년대비 49.4% 증가한 1,508만 명으로 나타나고 있다. 위에서 언급한 자료들보다 조금 시기는 이르지만, 공식 통계라 볼 수 있는 우정성의 '1999년도판 통신백서'에서는 1998년 11월 현재 인터넷 이용자 수를 1,700만 명으로 추정하고 있다. 그런데 조사 시기를 감안하면 이 수치는 다른 조사 결과에 비해 다소 과다하다는 느낌이 드는 게 사실이다. 이것은 개인 이용자를 조사함에 있어 15~69세의 인구를 대상으로 했기 때문인데, 어쨌든 과대 평가된 것이라 아니할 수 없다.

　이처럼 인터넷 이용자 통계가 조사 결과마다 서로 다르게 나타나, 실제 이용자 수를 정확하게 파악하는 것은 곤란하지만, 과거의 증가추세로 미루어 보면 2000년도 초반(이 책을 집필하던 시점) 일본의 인터넷 이용자가 2,000만 명에 근접할 것이라고 추측할 수 있을 것 같다.

　결론적으로 말해 보급률의 관점에서는 아직까지 미국과 같은 인터넷 선진국에 비교할 수 없는 수준이지만, 이미 거대한 시장이 존재하고 있다는 것만큼은 틀림없는 사실이라고 할 수 있을 것이다.

B2B시장과 B2C시장

　이제 인터넷 비즈니스의 핵심이라 할 수 있는 EC(전자상거래)로 눈을 돌려보자. 과연 그 시장 규모는 어떨까?

　'1999년도판 통신백서'에 따르면 1998년도 일본의 전자상거래 시장 규모는 2조 5,979억 엔으로, 이것은 최종소비재시장(B2C)과 기업간거래시장(B2B)을 모두 포함한 수치다.

　각각의 시장 규모를 보면, B2B가 2조 4,314억 엔이고 B2C가 1,655

■ 기업간 전자상거래(B2B)의 시장 규모 추정

우정성(통신백서)		통산성(JIPDEC+Anderson)	
자동차	1.98조엔	전자·정보관련제품	4.3조엔
기계	0.91조엔	자동차·자동차부품	3.3조엔
전기	0.30조엔	식품	0.4조엔
전체	2.43조엔	전체	8.6조엔

통산성은 업체별, 우정성은 상품별로 구분

억 엔으로 B2B가 압도적인 비중을 차지하고 있다.

그런데 통산성이 앤더슨 컨설팅에 위탁하여 실시한 조사에서는, 1998년도 기업간 전자상거래의 전체 시장 규모 추정치가 8조 6천억 엔에 달하고 있는데, 이것은 '통신백서'와 비교할 때 세 배가 넘는 수치이다.

통산성에서는 B2B시장이 순조롭게 확대되어 갈 것이라 예측하고 있다. 예측대로라면 2003년에는, 국가예산에 필적하는 규모인 68조 엔에 이를 것이다.

기업간 전자상거래 지원시스템을 취급하는 한 회사에서는 이 수치를 광고에 인용하고 있기도 하다.

일본 인터넷 비즈니스의 현주소

인터넷 비즈니스라고 하면 다양한 형태가 존재하지만, B2C의 중심을 이루는 것은 인터넷을 통해 제품과 서비스를 판매하는 것이다. 즉, 가상상점(Virtual Shop)이라고 불리우는 인터넷 쇼핑이다.

일본의 인터넷 쇼핑 실태에 관해서는, 노무라총합연구소(野村總合硏究所)가 웹사이트에서 조사결과를 정기적으로 발표하고 있는데, 이것을 참조하면 좋을 것 같다.

1999년 6월 현재 개인사업자와 법인을 포함하여 가상상점(전문점)을 운영하고 있는 곳은 14,110개로 확인되고 있다. 이러한 가상상점과는 별개로 200개 정도의 인터넷 쇼핑몰이 있는데, 각 쇼핑몰이 5개 이하의 전문점을 포함하고 있다고 전제하더라도, 총수는 15,000개를 넘어서는 것으로 추측된다.

한편 가상상점에서 취급되고 있는 상품과 서비스를 분류하면 다음과 같다.

1위	식음료	3,502
2위	문화 · 취미	3,094
3위	패션	1,919
4위	각종 서비스	1,682
5위	생활용품	1,169

일반적인 예상과는 달리, 성공 사례로 자주 언론매체에 소개되는 '컴퓨터' 나 '사무용품' 전문판매 사이트의 숫자가 5위 이내의 순위에 들지 못하고 있다. 이것은 다음과 같은 이유가 있기 때문이다. 즉, 컴퓨터 또는 사무용품은 대량의 제품목록을 데이터베이스화하여 소위 '없는 것이 없는 상점'으로 만드는 것이 가장 중요한 차별화 요인이므로, 이 분야에 진출한 기업은 비교적 대기업에 한정되는 경우가 많다.

대조적으로 지역 특산품이나 명품 등의 '식 · 음료' 또는 '문화 · 취미' 관련 상품을 취급하는 경우에는 비교적 소규모로 인터넷 쇼핑 사이트를 운영하는 것이 많다고 생각된다.

일본의 인터넷 쇼핑을 수익성 면에서 평균적으로 보면, 극히 열악한 것으로 나타나고 있다. 1998년도의 시장 규모가 1,665억 엔(통신백서)이므로, 이것을 단순하게 가상상점 수 15,000으로 나누면, 한 사이트당 연간매출은 1,100만 엔 정도에 불과하다.

실제로 연간 10억 엔 이상의 매출을 올리고 있는 인터넷 쇼핑 사이트도 등장하고 있는 반면, 절반 이상이 월간매출 20만 엔 이하라는 조사결과도 나와 있다.

요컨대 한편에서는 몇몇 대형사이트가 억 단위의 매출을 기록하고 있고, 다른 한편에서는 딱히 비즈니스라고 할 수 없을 정도의 고만고만한 사이트가 대부분을 차지하고 있는 구조라고 할 수 있다.

일본에서는 이처럼 2만 개에 가까운 사이트가 가상상점을 운영하고 있지만, 인지도를 확립하는 단계에까지 이른 사이트는 손가락으로 꼽을 수 있을 정도이다. 따라서 향후 인터넷쇼핑 분야에 진출하려는 기업이 확실한 마케팅전략으로 무장할 수만 있다면, 단기간에 선두그룹에 합류하는 것도 충분히 가능한 일이라고 생각된다. 그 정도로 일본시장은 아직까지 성숙되어 있지 않은 것이다.

자영·상공업자가 가장 취약

최근 인터넷 이용자를 대상으로 한 각종 조사가 빈번하게 실시되면서, 생각지 못했던 '인터넷 약자'의 존재가 드러나는 일도 생겨나고 있다.

일본리서치센터에서는 인터넷 이용자의 조사대상 모집단 선정을 위해 1998년 11월부터 매월 NOS(옴니버스 서베이)를 실시하고 있다. 조사 결과 가운데 인터넷 이용자의 비율을 직업별로 보면, 학생의 경우 40%, 직장인에서는 관리직이 3명 중 1명(31.8%), 사무·기술직이 4명 중 1명(25.2%)으로 나타나고 있다.

또한 가구 연간소득 기준으로 보면 고소득일수록 이용률이 높고, 연간소득 1,000만 엔 이상인 가구의 이용률은 20%에 이르는 것으로 조사되었다.

미국의 인터넷 이용자는 비교적 고학력·고소득인 경우가 많은데, 이 점에 있어서는 일본에서도 유사한 경향을 보이고 있는 것으로 생각된다.

그런데 직업별 이용률에 있어 학생과 직장인이 높은 것은 당연하다고 하겠지만, 인터넷을 활용함으로써 가장 큰 혜택을 받을 수 있는 자영업자 및 상공업자의 이용률이 5% 정도밖에 되지 않는다는 것은 매우 유감스러운 일이다.

자영업 및 상공업자는 B2C와 B2B 모두에 커다란 잠재구매력을 가진 계층이라 할 수 있다. 바로 이런 계층이 일본에서는 인터넷 이용에 낙후되어 있는 것이다. B2B시장이 순조롭게 확대되어 나갈 것이라는 예측도, 만일 이들 자영업자와 상공업자들의 인터넷 이용률이 신장되지 않는다면, 반드시 들어맞는다고 보기 어렵다.

인터넷을 언제라도 쉽게 시작할 수 있는 환경 속에서도, 자영업 및 상공업자의 경우에는 지금까지 그러지 못했던 것이 사실이다. 그런 만큼 그들을 대상으로 인터넷 이용을 촉진하는 것은 좀처럼 쉽지 않은 일이다. 따라서 정부와 지자체에서 이 문제에 대해 좀더 관심을 가지고 많은 노력을 기울여야 한다는 것이 필자의 생각이다. 현재로서는 중소기업을 지원하기 위해 인터넷장비를 임대해 주는 정도의 대책만 있을 뿐이다.

어쩌면 일본은 인터넷 약자, 즉 국가 입장에서 보면 거대한 불량채권자를 껴안고 있는 셈인지도 모르겠다.

4. '네트워크직판' 과
'유통전문업체'

인터넷 비즈니스를
'혁명'이라 부르는 이유

잠깐 숨을 돌리고, 어째서 인터넷 비즈니스를 혁명이라고 부르는지에 대해 다시 한 번 살펴보기로 하겠다.

인터넷 비즈니스의 이점은 무엇일까? 단순히 '웹사이트를 통해 저렴한 비용으로 상품을 판매할 수 있다'는 것뿐일까?

그런 이점이 있다는 것은 분명하지만, 그것만으로 '혁명'이라는 표현을 쓰기에는 아무래도 설득력이 부족하다. 웹사이트에서의 상품 판매뿐만 아니라, 마케팅활동을 통해 물류 과정을 합리화하고, 나아가 새로운 비즈니스모델을 창출하기 때문에 혁명적이라고 말하는 것이다. 인터넷 비즈니스가 진정으로 효과를 발휘하는 순간은 바로 그런 때라고 할 수 있다.

인터넷 비즈니스에 의해 만들어지는 새로운 비즈니스모델에 대해서는 아직까지 충분한 검증이 이루어지고 있지 않다. 현재로서는 매출증대에 상응하여 수익률 증가속도가 가속화되는 '수익체증형' 비즈니스모델이라는 가설이 제시되어 있는 정도이다.

여기서 물류 합리화에 대한 내용은 상세하게 다루지 않기 때문에, 간단하게 언급하기만 하겠다. 일반적으로 물류 과정을 합리화(Supply Chain

Management)한다는 것은, 제조업체가 거래처와 EDI 네트워크를 구축하여 부품 및 자재조달 과정의 효율성을 제고하는 것이 핵심을 이룬다. 그렇지만 원자재 조달과 제품생산을 거쳐 소비자의 손에 들어감으로써 고객만족을 실현하기까지의 전과정을 컨트롤하는 것으로 이해하는 보다 폭넓은 시각도 존재한다.

비즈니스모델 파괴

다음에 설명할 델컴퓨터(Dell)의 경우야말로 '기존의 비즈니스모델을 파괴하는' 좋은 예라고 할 수 있을 것이다. 델컴퓨터는 PC 제조업체이면서 동시에 도매업자 또는 소매업자로서, 특정 비즈니스모델에 구애받지 않고, 제조업자, 유통부문, 소비자로 연결되는 거대한 가치사슬을 자유자재로 구축하는 구조로 되어 있다. 따라서 가치사슬의 어떤 단계에서 관계를 맺는가 하는 것은 그다지 문제가 되지 않으며, 오직 누가 거래대상인가 하는 것만이 중요한 문제가 된다.

한 가지 예를 들어보자. 일본에서는 도서유통 부문에서 토리츠기(取次)라고 불리우는 중간도매상이 절대적인 영향력을 발휘하고 있다. 그런데 최근에는 몇몇 대형서점이 운송회사와 제휴하여 주도적으로, 네트워크 도서판매를 추진하고 있다. 이것을 보면 서적도매상이 주도권을 장악하고 있었던 것과는 또 다른, 새로운 형태의 가치사슬이 실현되고 있는지도 모른다. 물론 출판사들이 연합하여 서적도매상을 통하지 않고 직접 판매채널을 구축하는 것도 충분히 생각할 수 있다. 이처럼 지금까지 존재했던 비즈니스모델을 송두리째 흔들어놓고 있다는 점을 감안하면, '혁명적'이라는 말 외에는 달리 표현할 길이 없을 것 같다.

비즈니스모델의 '혁명'을 가능케 하는 것이 바로, 인터넷 중심의 정보기술(IT)에 의한 획기적인 비용절감 효과와 이 책에 여기저기서 언급하고 있는 인터넷 비즈니스 특유의 마케팅전략이다.

설비투자형의 제조업에 있어서는 매출이 신장되면 원자재에 대한 비용도 함께 증가하기 때문에, 수익률도 낮은 편이고 예상수익률을 크게 초과하는 경우는 좀처럼 발생하지 않는다. 반면에 수익체증형 비즈니스모델에서는 일단 수지균형을 맞춘 이후부터, 매출이 2배 증가할 경우 이익은 5배, 10배로 크게 증가할 가능성을 내포하고 있다.

어쩌면 10년이 채 지나기도 전에, 수익률 상위를 차지하는 기업의 면면들이 완전히 물갈이될지도 모르는 일이다.

네트워크직판의 이점: 재고 감소와 비용 절감

네트워크직판이 큰 흐름으로 자리잡아 가고 있는 분야는 PC 업계다. 몇 년 전까지만 하더라도, 인터넷을 통한 PC 판매는 외국 PC 메이커의 일본 현지법인에서만 볼 수 있는 전매특허와 같은 것이었다. 그러나 1999년 이후에는 일본의 PC 제조업체들도 네트워크직판에 본격적으로 뛰어들기 시작했다.

일본 PC 메이커들이 주저했던 원인 가운데 하나는, '기존 판매채널과의 충돌'을 우려했기 때문이었다. 그렇지만 일부에서 네트워크직판을 통해 매출증대를 이루게 되자, 타사의 움직임을 그냥 지켜보고만 있을 수는 없다는 인식이 확산되면서, 경쟁적으로 네트워크직판에 착수하게 된 것 같다.

네트워크직판의 대표적인 예로는 역시 델컴퓨터를 빼놓을 수 없을 것이다.

잘 알려진 바와 같이 델컴퓨터는 일체 대리점을 두지 않고, 주로 웹사이트를 통해 직접 판매하는 차별화된 방식으로 성공을 거두고 있는 컴퓨터 제조업체다.

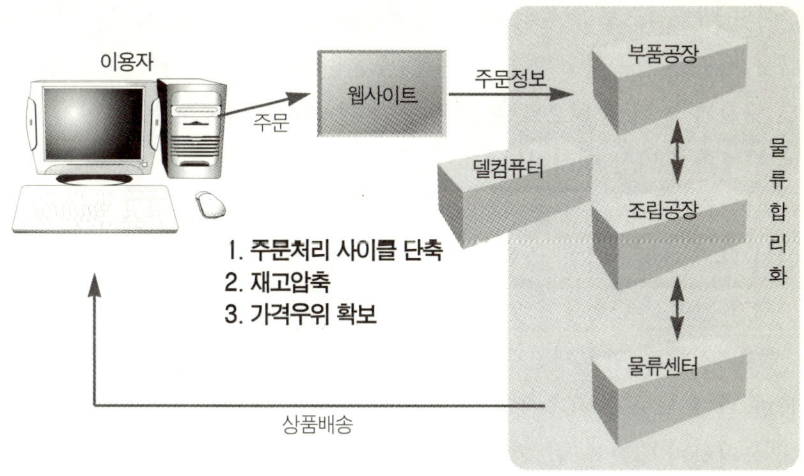

　　네트워크판매의 효과 가운데 특히 주목해야 할 것은, 웹사이트와 주문정보 데이터베이스를 긴밀하게 연동시킴으로써 주문처리 사이클을 종전의 5주에서 24시간으로 크게 단축시켰다는 점이다.

　　또한 웹사이트를 통해 접수된 주문정보가 리얼타임으로 생산라인에 전달됨으로써, 제품재고를 획기적으로 감소하는 데 성공한 것도 중요한 대목이다. 델컴퓨터는 상시재고가 7일분에 불과하며, 적기생산을 실현할 수 있는 주문생산시스템이 확립되어 있다.

　　델컴퓨터에서는 납기 단축, 재고 감소 등에 의해 얻어진 비용 절감 효과를 최대한 활용하여 가격경쟁력을 높이는 데 주력하고 있다. 델컴퓨터는 타사제품에 비해 평균 15% 정도의 가격우위를 확보하고 있다.

　　이상에서 살펴본 내용을 요약하면 다음과 같다. 생산계획 수립에 불확실성을 제공하는 유통요인을 배제하고, 인터넷을 통한 직판 체제를 전문화함으로써, 다른 컴퓨터 메이커에서 감히 엄두를 내지 못할 정도로 효율적인 생산체제를 실현하는 데 성공한 것이 델컴퓨터의 사례다.

이와 대조적으로 일본의 PC 메이커들은 판매채널이 한 가지 더 늘어났다는 정도로 간주하고 있는 듯하다. 오히려 네트워크직판을 위한 웹사이트 구축과 인력 충원으로 추가 비용만 발생하고 있는 것은 아닌가 하는 게 필자의 솔직한 생각이다.

최악의 경우 앞에서 소개한 리바이스처럼, 매출 증대는 신통치 않고 공연히 기존 판매채널과 불화만 일으켜, 결국 사업 자체를 철회하는 불행한 사태가 벌어질 위험성도 있다.

특히 기존의 판매채널과 네트워크직판을 병행할 때에는, 네트워크를 통한 판매 모두가 지속적인 구매고객층으로 이어지는 것은 아니라는 점에 유의하지 않으면 안 된다. 고객 불만에 대한 적절한 대응책을 강구하는 것 또한 미리 준비해야 할 일이다. 지금까지는 메이커에서 직접 판매를 하지 않았기 때문에, '고객상담실에 좀처럼 전화가 연결되지 않는다'는 것이 이용자의 커다란 불만이었다. 네트워크직판을 시작하면 더 이상 변명의 여지가 없다. 고객상담 인력을 대폭 증원하는 등 고객 불만을 해소하기 위해 최대한 노력해야 할 것이다. 기존의 비즈니스모델을 파괴하고 새로운 개혁이라고 불리우는 네트워크직판이지만, 위험성 또한 못지않게 크다는 점을 명심해야 할 것 같다.

5. 인터넷 유통에 진출한 도매업

유통부문에 대한 제조업의 시각 변화

지금까지 제조업체는 판매와 고객서비스를 대리점 또는 유통업자에게 맡겨왔다. 그것은 다름 아니라 생산에만 전념함으로써, 생산원가를 최소화하는 것이 제조업의 사명이자 최선이라 여겼기 때문이다.

그러나 대리점 또는 소매업자에게 전적으로 판매를 의존하는 경우, 판매현황을 정확하게 파악할 수 없고 따라서 적정 생산을 하지 못한다는 한계가 있다. 현장에서 이루어지는 판매현황에 대한 정보가 정확히 전달되지 않으면, 적지 않은 재고부담을 떠안게 마련이다. 이런 배경에서 가능한 한 판매부문을 장악하기 위해 독자적으로 판매망을 구축하는 형태가 특약점제도다.

인터넷의 출현 또한 제조업체에게 매력적인 판매채널을 제공하게 되었다. 즉, 제조업체가 네트워크를 통해 직접 판매하는 네트워크직판이 그것이다.

PC 메이커의 네트워크직판이 점차 뿌리를 내리고 있는 가운데, 타업종 제조업체에서도 서서히 사업 타당성을 검토하고 있는 중이다. 그렇지만 상장하고 있는 대형메이커 가운데, 소매점 등을 포함한 기존의 판매루트

와의 관계 악화를 우려하여 아직 본격적으로 추진하지 못하고 있는 기업
이 대부분이다.

그 대신 웹사이트를 통해 적극적으로 신규고객을 유치하고, 수집된 정
보를 가까운 대리점에 제공하는 등, '대리점 판매지원'에 나서고 있는 기
업이 적지 않다.

기존의 판매망과 마찰을 일으키면서까지 네트워크직판의 가능성을 타
진할 것인가, 아니면 판매채널의 활성화라는 차원에서만 네트워크를 이
용할 것인가 하는 문제에 대해, 분명하게 입장을 정리해야 할 중요한 의
사 결정의 시기가 다가오고 있는 것인지도 모른다.

구체적으로는 대형 식품메이커가 자회사에서 제조한 일부 건강식품을
대상으로 네트워크직판을 시험적으로 실시하고 있는 사례가 있다. 또한
차종에 제한이 있기는 하지만, 네트워크를 통해 직접 자동차를 판매하는
자동차회사도 등장하고 있기도 하다.

도매업의 새로운 네트워크 전략

한편 제조업체의 유통부문 진출에 대해 도매업자와 특약대리점들은 경
계심을 늦추지 않고 아연 긴장하고 있다. 지금까지는 지역적으로 상권이
라는 보호장치가 있었지만, 인터넷을 통한 직접판매가 도입되면 그런 개
념 자체가 아무런 의미를 갖지 못하는 것은 불을 보듯 뻔한 일이다.

이 같은 상황에서 새로운 사업형태가 탄생했는데, 대형 구매처와 소비
자를 확보해 두고 그 영향력을 배경으로 복수의 제조업체와 대등하게 거
래하는 것이다. 앞장에서 설명한 바 있는 정보중개업 중에서도 이런 개념
의 비즈니스모델을 포함하고 있는 경우가 많다. 여기서는 특히, 미국에서
발전하고 있는 두 가지 유형의 인터넷 유통업체(Net Distributor)에 대해
설명하도록 하겠다.

디스트리뷰터(Distributor)하면 원래 '도매상 또는 유통업자'라는 의미를 지니고 있다. 여기에 네트워크가 덧붙여져 만들어진 인터넷 유통업체는, 인터넷의 특성을 잘 이용하여 독자적인 판매채널을 형성하고, 제조업체에 대해 충분한 영향력을 행사하는 유통업체를 가리킨다.

1) 수직통합형 인터넷 유통업(Vertical Distributor)

특징 산업분야의 세품정보를 결십시켜, 구매자로 하여금 비교판단 하면서 주문할 수 있도록 웹서비스를 제공하는 유형이다.

120개 이상의 제약회사로부터 25만 종의 의약품을 검색, 주문할 수 있는 켐덱스(Chemdex), 전자부품과 플라스틱 관련 3만 개 회사의 제품정보와 재고확인을 제공하는 서플라이베이스(SupplyBase), 병원용 의료용품의 판매를 중개하는 네오포마(Neoforma) 등이 이 유형에 속한다.

이 유형에서는 어떤 경우에도 구매자로부터 수수료를 받지 않는다. 대신 판매자인 거래처가 지급하는 판매수수료가 주된 사업소득이 된다.

2) 매장형 인터넷 유통업(Exchange Distributor)

증권거래소와 같이 일정한 시간과 장소에서 이루어지는 매매를 중개하는 형태라고 할 수 있다. 상시판매하는 제품보다는, 재고처분이나 할인판매와 같은 정보를 제조업체로부터 수집하여, 구매자에게 제공하는 사이트가 이런 유형에 해당한다. 경매사이트는 대표적인 예라고 할 수 있다. 제조업체 또는 도매상이 재고를 현금화하는 수단으로서 점차 자리잡고 있는 중이다.

반도체 가상매장으로서 60개 이상의 회사제품 20만 종을 취급하고 있는 마샬 인더스트리(Marshall Industries), 제지(製紙) 잉여재고 판매를 중개하는 페이퍼 익스체인지(PaperExchange.com), 화물트럭의 공차(空

車)정보를 제공하는 National Transportation Exchange 등이 유명하다. 한 마디 덧붙여 마샬 인더스트리에서 내걸고 있는 캐치프레이즈를 소개하면 다음과 같다. '우리는 유통업체가 아닙니다. 수요와 공급을 연결하는 커넥터입니다.'

이상에서 살펴본 인터넷 유통업체의 공통점은, 구매자로 이루어진 커뮤니티를 관장하는 것에 의해, 메이커들로부터 그 가치를 인정받고 있다는 점이다. 실제로 인터넷 유통업체는 메이커로부터의 판매수수료가 주된 수입원이다.

비록 제조업체의 네트워크직판이 본궤도에 오른다고 할지라도, 인터넷 유통업체의 존재는 여전히 필요할 것이라 생각된다. 정보중개 비즈니스를 소개하면서 지적한 바 있지만, 제조업체가 아무리 분발한다고 할지라도 자사제품만을 판매하는 데 그치기 때문이라는 게 그 이유다.

필자의 생각으로는 앞으로 제조업체와 인터넷 유통업체 사이에 인터넷을 무대로 한 다양한 승부가 펼쳐질 것으로 전망된다.

사무용품 업계의 과열경쟁

PC업계 외에도 제조업체와 인터넷 유통업체가 격돌할 것으로 예상되는 곳은 사무용품 업계다.

사무용품은 흔히 MRO(Maintenance, Repair and Operation) 관련 제품이라고 하는데, 원자재 및 부품 등 사업핵심에 투입되지 않으면서 일반기업의 사업활동에 필요한 '소모품의 총칭'을 가리킨다. 대표적인 것으로는 복사·팩스용지, 파일, 클립 등의 문구류, 프린터 잉크 등이 있다.

일본의 MRO시장은 약 1천억 엔에 이르는 것으로 추정되고 있다.

아마도 일본에서 가장 많이 알려진 사무용품 판매사이트는, 플러스 등

이 출자하여 설립된 아스쿠루(アスクル)가 운영하고 있는 '아스쿠루 인터넷 카탈로그'일 것이다. 오늘 주문하면 '내일(일본어로 **あす**)'까지 배달된다(くる)는 의미로 아스쿠루라는 이름이 붙여진 것이다. 토쿄 일부 지역에서는 오전 주문시 당일 배달되도록 하여, 신속성을 최대 상품으로 내세우고 있는 곳도 있다고 한다. 본래부터 아스쿠루는 대리점제도를 운영하면서, 인쇄된 카탈로그에 의존하여 통신판매를 하던 회사다. 현재 아스크루의 웹사이트에서는 약 5,600개 성노의 품복에 대한 검색과 주문이 가능하다.

아스쿠루 웹사이트의 특징은 미국에서도 자주 발견되는 상품추천정보(Recommendation) 서비스 등을 비롯하여 일대일 마케팅에 주력하고 있다는 점이다. 특히 단골고객에게는 주문관리 소프트웨어 '마이 카탈로그'를 무료로 배포하여, 재주문 시 고객편의를 도모하고 있다.

한편 메이커가 직접 나서서 중요한 거래처를 관리하는 시도가 이루어지고 있다. 코쿠요(コクヨ)가 운영하고 있는 '벤리네트(べんりネット)'가 그것으로, 간단한 조작으로 전용소프트웨어를 사용하여 코쿠요가 취급하는 제품을 인터넷에서 주문할 수 있다.

이렇게 되면 메이커가 직접 주요 고객을 관리하는 셈인데, 수주 과정을 간소화하는 등의 이점이 있다. 웹EDI 또는 엑스트라넷이라 부르는 형태와 크게 다를 것이 없다.

네트워크 직판에 의해 점차 유통 과정에서 배제되고 있는 전문 유통업체들도 결코 좌시하고만 있지는 않다.

군마현(群馬縣) 소재 사무용품 유통업체인 아사히상회(アサヒ商會)는, 1997년 '오피스랩(Office LAB)'이라는 이름의 웹사이트를 개설한 바 있다. 이곳에서는 이 회사가 취급하는 20만 종에 달하는 제품을 검색할 수 있도록 되어 있다. 장차 50만 종까지 확대할 계획이라고 하는데, 기왕에

도매업을 하고 있었던 만큼, 물류 거점과 재고를 확보하고 있다는 것이 커다란 장점이다. 다만 데이터베이스의 양적 증가에 따라, 주문제품을 검색하는 수고가 커지지 않을까 우려된다.

고객요구에 꼭 들어맞는 상품을 어떻게 하면 신속하게 제시할 수 있는가 하는 문제가 관건이 될 것이다. 다양한 문제해결 방안이 있을 수 있는데, 개인전용 홈페이지를 도입하거나, 서적과 음반 CD 판매 분야에서 실용화되고 있는 추천정보 서비스를 제공하면 될 것이다. 미국의 대형 사무용품 유통업체가 웹사이트에서의 취급품목을 약 2만 개 정도로 제한하고 있는 것은 나름대로 이유가 있기 때문이라고 생각되는데, 이 점 참고가 되기를 바란다.

현재 일본의 사무용품 네트워크판매 시장은 과열의 기미를 보이는 듯하다. 자유경쟁이라고 한다면 달리 할 말이 없지만, 앞서 언급한 아스쿠루의 사례에서 보는 것처럼, 종전까지 유지해왔던 판매망과 충돌하는 문제에 대해서 충분히 고려할 필요가 있는 것이다.

흥미로운 에피소드 한 가지를 소개할까 한다. 종전처럼 인쇄된 카탈로그에 의존하여 특정지역에서 판매를 해왔던 대리점 한 곳에서 아스쿠루 본부에 대해 항의한 적이 있었다. 내용인즉 '본부에서 인터넷을 통해 직접 판매하게 되면, 우리들의 상권을 침탈하는 것이 아닌가'라는 것이었다. 대리점 입장에서는 충분히 일리 있는 항변이라 생각된다. 하지만 본부 경영진의 대답은 간결하면서도 단호했다. '상권이라니, 대체 무얼 말하는 겁니까?'

지금까지 일정 지역의 대리점 수를 제한하는 방식으로 물리적인 '상권'을 보호해 주는 것이 관행이었지만, 인터넷 시대가 도래하면서 그런 개념 자체가 더 이상 존재하지 않게 되었다는 것을 시사하는 매우 상징적인 이야기라 생각된다.

　그렇지만 기존 대리점들이 일방적으로 손해만 보는 것은 아니다. 대리점에서도 카탈로그에만 의존하는 것에서 탈피하여, 인터넷을 적극 활용하겠다는 발상의 전환이 필요하다. 그렇게만 된다면, 자기 '상권'에 거주하는 기존 고객 외에도, 다른 지역의 신규고객을 유치하는 기회가 주어지는 셈이다. 확실한 우량고객을 확보하고 있는 경우에는, 웹사이트를 통해 구매력을 결집할 수 있기 때문에 유리한 조건에서 판매하게 될 가능성도 있다. 이른바 완전 자유경쟁의 시대에 돌입해 있는 것이다.

　머지 않아 메이커, 도매업자, 그리고 인터넷 유통 전문업체 등이 난립하여, 갈수록 격렬하게 시장 쟁탈전을 전개하는 모습을 보게 되는 데에는 그리 오랜 시간이 걸릴 것 같지 않다.

6. 인터넷 비즈니스가
주가를 결정한다

인터넷 비즈니스와 주식시세

일본의 인터넷 비즈니스 시장 규모에 대해서는 이미 앞에서 언급한 바 있다. 다시 한 번 살펴보면, 1998년도에는 B2C 전체시장에서 전자상거래가 차지하는 비율은 겨우 0.02%, 향후 급증할 것으로 전망하고 있지만 2003년에도 1%에 지나지 않을 것으로 예측되고 있다.

일견 이런 수치들은 일반국민에 대한 영향력이 극히 미미할 것으로 생각할지 모르겠다. 그러나 사실은 이미 크게 영향을 미치고 있다. 한 가지 예가 바로 '주가'다.

거품경제의 후유증 하면 금액 면에서 큰 부동산이 바로 떠오르겠지만, 주가는 일반 서민들에게 더욱 민감한 문제다. 통계자료를 보면 1가구당 보유하고 있는 금융자산은 약 1,500만 엔으로 나타나고 있는데, 여기에는 주식도 포함된다. 주식은 언제든지 매각하여 현금화할 수 있지만, 거품경제기에 고가로 주식을 매입한 후 그대로 장기간 보유하고 있는 사람들이 적지 않을 것으로 생각된다.

그런 사람들은 통계상으로 상당한 금융자산을 보유하고 있는 것처럼 나타나지만, 평가손을 고려하고 있기 때문에 소비를 억제하는 심리가 작용한다.

일본의 경기침체를 가져온 가장 큰 원인은 개인소비가 신장되지 않는 것이다. '주가만 상승하면 소비가 증가하여 일시에 경기가 회복될 것'이라는 지적이 있은 지 벌써 몇 년이 지났지만, 여전히 경기회복의 기미는 보이지 않고 있다.

1999년도는 오랜만에 개인투자자들에게 괜찮은 한해였다. 닛케이평균주가는 여초부터 상승세를 지속하였으며, 연간 상승률이 37%에 달했다.

한편 같은 해에 역으로 줄곧 하락장세를 면치 못한 종목도 많았다. 따라서 모든 개인투자자가 주가상승의 혜택을 받았다고 보기는 어렵다.

어쨌든 주식시장에서 반 년 만에 3배에서 5배까지 주가가 급등한 종목이 눈에 띄었는데, 그것은 '정보·통신주', 즉 '인터넷 관련주'였다. 요컨대 1999년은 인터넷 관련주에 투자한 개인투자자에게 자본이득(Capital Gain)이 집중되었던 해로 기록할 수 있을 것 같다.

또한 우량종목으로 주목을 받는 경우에는 반드시 인터넷 비즈니스와 관계된 호재가 작용한 점을 감안할 때, 인터넷 비즈니스가 주가변동의 커다란 요인이라는 것을 증명한 해라고도 말할 수 있을 것이다.

앞에서 이미 언급한 바 있지만, 인터넷 비즈니스라고 해서 '신규사업'에만 국한된 것은 아니다. 역사가 깊은 중공업 메이커도 물류 과정의 합리회 등을 통해 새로운 비즈니스모델로 전환함으로써, 얼마든지 고수익을 올리는 방향으로 구조 변화를 시도할 수 있다. 모든 상장기업에 있어, 인터넷 활용은 가장 중요한 경영전략이 되고 있다.

소프트뱅크의 '시가총액 극대화 경영'

1999년도 인터넷 비즈니스 관련주 가운데 가장 인상적인 움직임을 보인 것은 단연 소프트뱅크로 주가상승률이 무려 1,338%를 기록했다.

2000년도 연초 주가 또한 마침내 10만 엔대에 진입했다.

소프트뱅크는 원래 유동성을 중시하는 경영을 표방해 왔지만, 1999년도에 들어서면서 분명하게 '시가총액 극대화 경영'으로 전환하고 있다.

시가총액 극대화 경영을 간단하게 설명하면, 매수 등에 의해 기업경쟁력을 강화하여 주식의 시가총액을 확대하는 전략이라 할 수 있다.

실제로 소프트뱅크의 시가총액은 10조 엔을 돌파하였으며, 1999년도 1년 동안 15배 이상이나 증가하였다. 그야말로 시가총액 극대화 경영을 최고로 실현한 결과라 아니할 수 없다.

더욱이 히카리통신(光通信)의 1999년도 시가총액 증가율은 소프트뱅크를 능가하는 30배를 기록하고 있다. 이 두 회사의 공통점은 인터넷 비즈니스 관련 벤처기업에 적극적으로 투자하고 있다는 것이다. 인터넷 비즈니스를 목표로 하고 있는 젊은이들 사이에서는, 일본에서 가장 적극적인 벤처캐피탈은 소프트뱅크와 히카리통신이라는 이야기가 자주 거론되고 있는 실정이다.

미국의 인터넷 비즈니스 재벌

시가총액 극대화 경영에 대해 새로운 개념이라 생각할지 모르지만, 미국에서는 이미 보편화되어 있으며 성공 사례도 적지 않다. 예를 들어 인터넷 광고와 DM 등으로 마케팅분야에서 잘 알려진 CMGI는 원래 벤처기업으로 시작하였는데, 거듭된 인수합병을 통해 지금은 미국에서도 굴지의 인터넷 비즈니스 재벌로 자리 매김되고 있다. 인수기업이 늘어나면서 기업가치를 끌어올리는 데에도 성공을 거두어, 1990년대의 10년 간 주가상승률은 경이적인 수치로 84,800%에 이르고 있다. 만일 1990년에 1만 달러를 이 회사에 투자했다고 하면, 현재 무려 850만 달러라는 계산이 나온다.

주가상승과 더불어 시가총액이 증대되면, 소위 주식교환에 의한 기업 인수가 한결 용이해진다. 즉, 시가총액이 증가하면 할수록 인수하는 기업도 늘어나고, 그 결과 점점 더 경쟁력이 강화되면서 다시 주가가 상승한다는 도식이 되는 것이다.

일본에서도 인터넷 비즈니스 관련 성장주 가운데에는, 동종업계의 신생기업에 대한 적극적인 투자가 대단한 호재로 작용하는 경우가 적지 않다. 그 전형적인 예는 1999년도 후반 일시에 주가가 급상승한 트랜스코스모스일 것이다. 트랜스코스모스는, CMGI와 함께 미국 인터넷 광고시장을 양분하고 있는 것으로 알려지고 있는 더블클릭(Double Click)의 일본 현지법인을 비롯하여, 인터넷시청률조사회사 등 다수의 유망한 인터넷 비즈니스 기업에 투자하고 있다.

■ 미국의 시가총액 순위(1999년 말 현재)

* 코카콜라는 18위, P&G는 19위
출처 : '주간동양경제' 2000년 1월 22일호

	1996년	1997년	1998년
1위	GE	GE	GE
2위	코카콜라	코카콜라	마이크로소프트
3위	AT&T	액슨	코카콜라
4위	액슨	마이크로소프트	액슨
5위	필립모리스	인텔	머크
6위	머크	머크	인텔
7위	IBM	필립모리스	파이자
8위	J&J	P&G	월마트
9위	마이크로소프트	J&J	P&G
10위	P&G	IBM	브리스톨마이어스

인터넷 관련주의 핵심, '성장성'

앞에서 예로 든 인터넷 비즈니스 관련주들은, PER(주가수익률)과 같은 종전의 지표로 보면 대단히 고평가된 것으로 분석된다. 하지만 기관투자가 사이에서는 '인터넷 비즈니스는 수익체증형 모델이므로, 종전의 주가수익률 또는 유동성 측면에서 적정가격을 판단하는 것은 불가능하다'는 견해가 대세를 이루고 있다.

종전의 분석기법에 의해 소프트뱅크의 적정주가를 산출하면, 기껏해야 1만 엔 정도에 불과하다. 한 가지 예를 들기로 하겠다. 1주당 실질유동성은 연결주당 경상이익에 일정계수를 곱한 값에서 감가상각비를 더하고,

다시 그것을 발행주식 수로 나누어 산출한다. 이것을 기준으로 하면, 현재 가파른 상승장세를 타고 있는 인터넷 비즈니스 관련주들은 모조리 '초고평가주'에 해당된다는 결과가 도출된다.

지나친 고평가 때문인지는 모르지만, 어쨌든 소프트뱅크 주식은 지금 10만 엔을 초과하고 있기 때문에, 일반 개인투자자들로서는 감히 엄두를 내지 못하고 있는 실정이다. 반면에 증권사와 기관투자가의 펀드매니저들 중에는 2000년도의 유망종목으로서 여전히 소프트뱅크 주식을 선두에 올려놓는 이들이 많다.

인터넷 관련주로 주식투자에 성공하는 투자자는, 데이터와 지표를 중시하는 이른바 '노무라형(野村型)'이라기보다는, 직감적으로 기업의 성장성을 예측해 내는 '나가시마형(長嶋型)'에 속하는 것인지도 모른다.

기관투자가들의 움직임

1999년도 후반기 인터넷 비즈니스 관련주의 급등장세를 연출한 것은 다름 아닌 기관투자가들이었다. 1999년 한해 동안 기준가를 두 배로 늘린 투신사는 여럿 있지만, 소형주·비상장주에 집중적으로 투자했던 펀드가 상승률에서 상위를 독점했다. 그리고 발군의 실적을 올렸던 펀드일수록 소프트뱅크, 히카리통신, NTT도코모 등에 대한 투자비중이 높았던 것으로 판명되었다.

아울러 정보통신주를 집중 공략한 펀드의 수익률이 높다는 것이 차차 알려지면서, 증권사가 앞다투어 유사한 펀드를 개설한 것이 주가상승을 더욱 부채질했다고 보아도 무방할 것 같다.

그러나 '급등장세는 작위적인 것이므로, 현재의 주가는 거품이다'라고 판단하는 것에는 문제가 있다. 인터넷 비즈니스 시장은 날로 확대되고 있으며, 인터넷 비즈니스 관련 유망주에 대한 투자 욕구가 늘고 있는 것은 확실하다. 한편에서는 인터넷 비즈니스 관련주가 장기적인 관점에서도 지속적인 상승장세를 탈 것으로 전망하고 있기도 하다.

오히려 문제는 투자자 수에 비해 시장의 주식거래량이 적다는 점일 것이다. 1999년에 NTT도쿄모가 1주를 5주로 분할하여 유동성 제고를 모색한 바 있고, 소니도 1주를 2주로 하는 주식분할계획을 발표했다.

벤처기업의 경우에는 자본금이 적기 때문에, 발행주식 수가 매우 제한되기 마련이다. 상법의 규정상 주식액면가는 5만 엔, 액면가 없이 발행하는 경우 1주당 순자산액이 5만 엔을 넘도록 하한을 설정하고 있다. 이런 제반 여건 때문에 아무래도 몇천만 엔대가 되는 주가를 갖는 기업도 등장하게 될 것이다. 1,000만 엔대의 주식이라면 개인투자자로서는 좀처럼 매수하기가 어렵다. 필연적으로 자금력이 풍부한 개인투자자나 기관투자가 사이에서 매매가 이루어지고, 결국 자본차익 역시 이들에게 독점될 것이 뻔하다. 개선의 여지가 큰 대목이 아닐 수 없다.

이야기가 조금 빗나갔지만, 벤처기업 전문의 토쿄증권거래소 마자즈 종목에 대해서도 기관투자가들은 매우 적극적인 투자를 하고 있는 것 같다. 산와애셋매니지먼트(三和アセットマネジメント)에서는 전문 투자상담원을 배치하고, 고객의 승인을 얻은 펀드에 한해 이미 투자를 진행하고 있다고 한다. 또한 토카이투자투신고문(東海投信投資顧問)에서는 '과거 수년 간 적자상태의 기업은 대상에서 제외한다'는 내부기준의 변경을 검토하고 있다. 마자즈 종목도 일종의 상장주이므로 투신사들이 특별히 정관을 개정할 필요는 없는 것으로 보인다. 투자신탁과 연금을 운용하는 펀드매니저들에게도 높은 성장률과 고수익성이 예견되는 인터넷 비즈니스 관련주가 매력적인 투자대상이 되고 있다.

하지만 다른 한편에서는 상승세가 일부 종목에만 편중되거나 거래량 자체가 매우 적기 때문에, 기관투자가는 신중하게 접근할 필요가 있다고 주장하는 펀드매니저도 있음을 함께 알아두는 것이 좋을 것 같다.

인터넷 비즈니스 우량주의 선택

1999년 11월 토쿄전력(東京電力)이 네트워크은행에 출자한다는 기사가 신문지상에 크게 실렸다. 내용을 읽어보면 사쿠라은행을 중심으로 하여 설립된 인터넷전업은행에 5%의 지분을 출자하기로 내정했다는 것이었다. 비록 제목의 크기에 비해서는 그다지 충격적인 뉴스는 아니었지만, 이처럼 대기업이 장기포석에서 인터넷 비즈니스에 진출하는 사례가 늘어나고 있다.

토쿄전력은 소프트뱅크와 합병하여 광섬유망을 이용한 인터넷 사업을 추진하기 위한 신규회사 설립을 결정하였는데, 그 계획이 발표되자 주가도 함께 상승했다.

사실 신문에 발표되는 것 이상으로 더욱 중요한 것은, 그 회사가 일상 업무에서 어느 정도로 인터넷 활용이 정착되었는가 하는 문제일 것이다. 그러나 유감스럽게도 그런 동향은 외부에서 파악하기가 쉽지 않다. 물류과정의 합리화를 추진하고, 기업간거래의 네트워크화 · 디지털화를 착실히 진행하고 있는 기업도 많을 것으로 생각되지만, 그런 사정을 정확히 알아내는 것은 아무래도 어려운 문제다.

예를 들어 앞에서 설명한 코쿠요는 주요 거래처와 네트워크를 구축하여 주문처리의 디지털화를 추진해오고 있지만, 그 성과에 대해서는 자세히 알 수 있는 방법이 없다. 분기보고서 등에서 제공하는 정보로는 거의 아무 것도 알 수 없다고 해도 과언이 아니다.

경영 성과가 있다면, 그리고 조금이나마 주가를 올리는 데 뜻이 있다면, 적극적으로 성과를 공개할 필요가 있다고 필자는 생각한다. 혹시 라이벌기업에게 기업 사정을 노출하는 결과를 빚을지도 모르지만 말이다.

투자관계 잡지에 실린 '인터넷 관련 유망주'에 대한 특집을 살펴보면, 투자분석가나 펀드매니저들이 '유망한 네트워크 관련주'로 판단하는 기준이 대체로 다음과 같다는 것을 알 수 있다.

① 정보서비스종목(소프트웨어 개발 및 시스템 판매 등)
② 정보인프라종목(광섬유 제조, 전기통신공사 등)
③ 전자부품종목(컴퓨터 부품, 휴대전화 부품, 액정기술 등)
④ 컨텐츠종목(캐릭터사업, 출판사, 인터넷 광고 등)

솔직히 말해서 필자가 생각하는 내용과는 상당한 차이가 있다. 그렇지만 일본에서는 아직까지 인터넷 비즈니스 관련주 자체가 드물다는 점을 감안해야 할 것 같다.

네트워크비즈니스를 지향하는 사람들 가운데, 의외로 '종이' 잡지에 대해 주목하는 사람이 늘고 있다. 예를 들면 닛케이BP가 발행하는 정기간행물 "닛케이네트워크비즈니스"(日經ネットビジネス)나 "닛케이벤처"(日經ベンチャー)같은 것들이다.

잡지라는 매체는 속보성에서는 떨어지지만, 뉴스는 인터넷과 신문으로 충분하다. 잡지에서 기대하는 것은, 기자가 예리한 시각으로 분석하고 정리한 인터넷 비즈니스 기업 경영자와의 인터뷰 기사같은 것들이다. 그런 기사를 통해, 비록 분기보고서에서 볼 수 있는 수치 등은 없지만, 적어도 기업의 핵심전략을 읽어낼 수는 있다.

그리고 이것을 잘만 활용하면, 가까운 장래에 어떤 회사가 '승자'의 편에 서게 될 것인지를 거의 예측할 수 있다. 중장기적인 안목을 기르기 위해서 결코 빼놓을 수 없는 중요한 정보원인 셈이다.

4

인터넷 비즈니스의 현황과 과제

1. '가격파괴'와
쇼핑에이전트

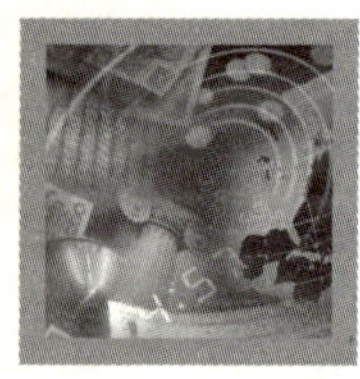

염가판매야말로 최대의 판촉수단

일약 인기 사이트가 된 바이닷컴(buy.com)은 철저하게 '염가판매'를 고수하고 있는데, 매입가보다 싸게 판매하는 품목도 있을 정도다.

한편 경매로 유명한 온세일(Onsale)도 '원가판매' 코너를 마련해 놓고 있다. 정말로 '원가'인지 아닌지를 유명한 회계법인으로 하여금 증명서까지 발행하게 하는 등 열의를 쏟고 있다.

최근 인터넷에서는 일반적인 상거래의 관점에서 보면 분명히 채산이 맞지 않는 방식으로 상품을 싸게 판매하는 경향이 나타나고 있다.

원가보다 싸게 팔게 되면, 이익을 볼 도리가 없다. 그런데도 왜 이들 사이트들은 염가판매에 몰두하고 있는 것일까?

그 이유는 간단하다. 싸게 파는 것이 최대의 판촉수단이라고 생각하고 있기 때문이다. 뒤에서 다시 언급하겠지만, 인터넷을 통해 제품을 판매하고 있는 웹사이트들이 급증하고 있고, 그들 사이의 경쟁은 더욱 더 격심해지고 있다. 어떻게든 막대한 광고예산을 투입해서라도, 자사의 웹사이트로 잠재고객을 유도하기 위해 최선을 다하고 있는 것이다.

광고비에 많은 돈을 쓰지 말고 그만큼 판매가를 낮추는 것이 좋을지도 모른다고 생각할 수도 있고, 그 생각이 잘못된 것도 아니다. 하지만 현실에서는 그것이 좀처럼 쉽지 않다. 왜냐하면 '광고비만큼 판매가를 낮추었다'는 사실 자체를 광고하지 않으면 안 되기 때문이다. 결국 판매가 인하는 그 폭이 한정될 수밖에 없고, 광고는 반드시 필요한 것으로 된다.

그런데 인터넷에서는 판매가격을 떨어뜨리면, 그 정보가 네트워크를 통해 많은 사람에게 전해지고, 결과적으로는 광고선전비의 대폭 삭감으로 이어진다.

쇼핑 에이전트의 잇따른 출현

요즘 들어서 '에이전트(Agent)'라는 단어를 자주 접할 수 있게 되었다. 에이전트란, 프로 스포츠 세계에서는 '대리인'을 의미하지만, 여기서는 구매행동을 지원하는 '촉매제' 정도로 생각하면 좋을 것 같다. 마케팅 분야에서는 일반적으로 구매행동을 몇 단계로 구분한다. 구매행동 단계에 대해서는 여러 이론이 있지만, 그 가운데 비교적 널리 알려진 것 하나를 골라 설명하도록 하겠다.

구매행동의 단계를 정리하면 다음 표와 같다.

마케팅활동은 구매행동 단계 가운데 1~4단계에서 주로 이루어지는데, 각 단계마다 마케팅을 지원하는 에이전트들을 생각할 수 있다.

굳이 명칭을 부여하자면, 1단계에서는 '인지 에이전트', 2단계에서는 '추천 에이전트' 그리고 3, 4단계에서는 각기 '비교 에이전트', '교섭 에이전트'가 된다.

2장에서 설명한 바 있는 공동필터링(Collaborative Filtering) 기술은, 고객에게 가장 적당하다고 생각되는 상품을 제안하는 것이므로, 2단계 제품선택을 지원하는 '추천 에이전트'에 해당한다고 할 수 있다.

3단계의 '비교 에이전트'로는 정글리(Junglee)가 개발한 에이전트가

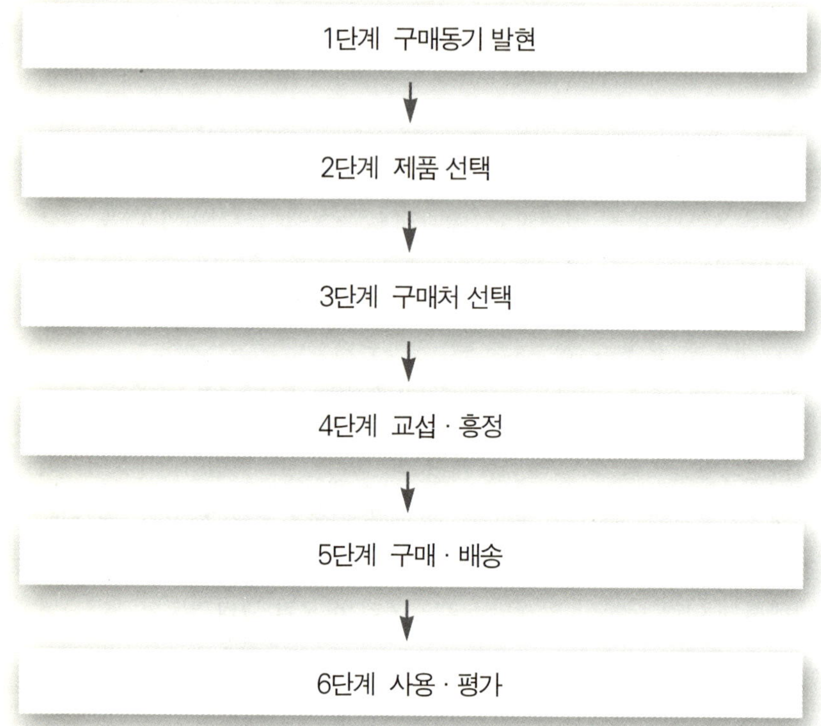

유명하다. 이 회사는 아마존에 의해 인수 합병되어, 현재 업계의 주목을 받고 있다. 또 바긴파인더(Bargain Finder)와 같이 음반 CD 관련 사이트를 비교해 주는 서비스도 등장하고 있다.

가까운 장래에는 고객이 관심 있는 제품을 등록해 두고, 여러 회사로부터 가격을 제시받아 비교 판단하면서 구매할 수 있도록 지원하는 '교섭 에이전트'도 개발될 것으로 전망된다.

현재까지는 에이전트를 운용할 수 있는 하드웨어 환경의 제한 때문에 서버 측에 탑재되어 있지만, 장차 사용자의 PC, 즉 클라이언트 베이스에서도 에이전트 기능을 이용할 수 있게 될 것으로 생각된다.

인기 있는 역경매 및 공동구매 사이트

쇼핑 에이전트의 도움에 힘입어, 소비자는 점점 더 현명한 구매를 할 수 있게 된다. 최근의 경향을 보면 인터넷 비즈니스 중에서도, 이처럼 소비자의 구매행동을 지원하는 비즈니스가 인기를 모으고 있는 것 같다.

이 점을 상징적으로 보여 주는 두 가지 사례를 소개하고자 한다.

다음 장에서도 다시 설명하겠지만, 프라이스라인(priceline.com)은 한 마디로 역경매사이트다. 본래는 항공권을 역경매로 판매하였지만, 최근에는 호텔과 보험 등의 분야로 확대하고 있는 중이다.

역경매가 이루어지는 과정은 다음과 같다. 먼저 소비자가 '언제 어떤 구간의 항공권 몇 장을 구매하겠다'는 사항을 등록한다. 그러면 제휴관계를 맺고 있는 항공사와 여행사들이 경매에 참가하여, 소비자가 희망하는

■ 프라이스라인 홈페이지(http://www.priceline.com)

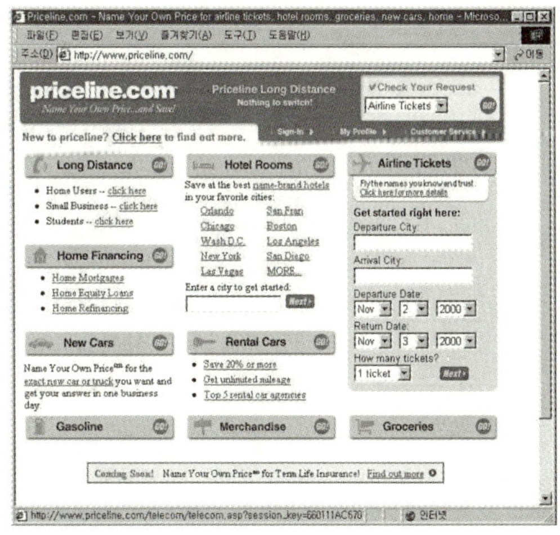

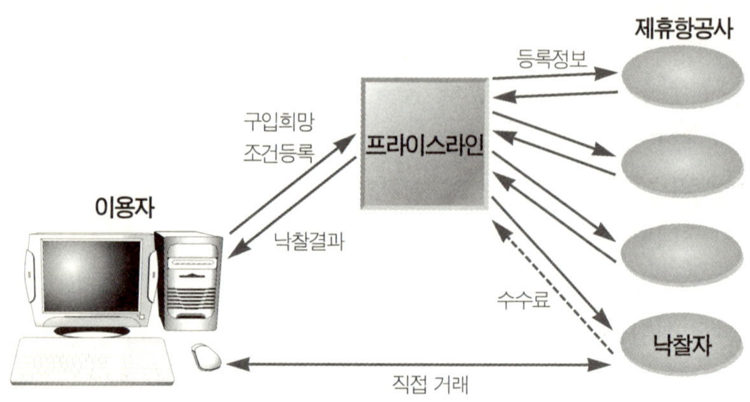

것에 가장 가까운 조건을 제시한 곳이 소비자와 흥정할 수 있는 권리를
취득한다.

요컨대 복수의 업자를 동시에 저울질해 가면서 비교하는, 귀찮은 작업
을 모두 프라이스라인에서 대행해 주는 것이다. 하지만 소비자로부터는
일체 수수료를 받지 않는다. 따라서 구입을 희망하는 물건이 있으면, 밑
져야 본전이라는 식으로 등록이라도 해두고 보자는 심리가 생기는 것은
인지상정이다.

또 하나의 사례는 어컴퍼니(accompany.com)가 구현하고 있는 '공동구
입사이트'다.

현실 세계에서는 소비조합 등에서 이미 똑같은 형태의 구매가 널리 이
루어지고 있다. 이것에 비해 어컴퍼니의 사례가 갖는 장점은, 품목별로
공동구입희망자를 모집할 수 있고, 복잡한 신청절차나 비용이 수반되지
않는다는 점이다. 뿐만 아니라 희망자가 많으면 많을수록 구입가가 낮아
지기 때문에, 시키지 않아도 희망자 스스로 가족과 동료들을 함께 참가시
키려고 애쓰게 된다. 그러니까 공동구입 희망자가 어컴퍼니의 영업활동

에 도움을 주고 있는 셈이다.

흥미로운 것은 '현재구입가'가 실시간으로 표시되기 때문에, 그것을 가만히 지켜보면서 원하는 가격대까지 떨어진 다음에 참여할 수도 있다는 점이다.

두 사례 모두 소비자에게, 값이 싸면서도 동시에 즐기면서 물건을 구입할 수 있는 시스템을 웹사이트에서 제공하고 있으며, 소비자들 사이에 입에서 입으로 폭넓게 소문이 전달된다는 공통점을 지니고 있다.

이처럼 인터넷에서는 소비자가 주도권을 갖는 비즈니스모델이 점차 증가하고 있다. 하지만 필자는 여기서 한 가지 의문을 제기하고 싶다. 염가판매만이 최상책인 것일까?

자본주의 원리와 상인

요즘의 세상에서는 보다 싼 가격으로 판매하는 것이 당연한 풍조로 받아들여지고 있다. 인터넷의 보급에 따라 점점 더 소비자의 힘은 강력해진다고 하는 것이 정설이다. 그 이유는 다름 아니라 온라인 구매 여부에 관계 없이, 사전에 구입할 물건에 대한 정보를 인터넷에서 검색하는 '현명한 소비자'가 늘어나고 있기 때문이다. 인터넷에서 얻는 정보 중에는 물론 가격도 포함된다. 소비자가 집안에 편안히 있으면서, 간단하게 '복수견적'을 받아볼 수 있는 시대가 온 것이다.

인터넷의 '가격파괴' 위력을 단적으로 보여주는 좋은 사례는 아마도 주식매매에 대한 중개수수료일 것이다. 얼마 전까지만 해도 일본의 투자자들이 증권회사에 지불하는 중개수수료는 세계에서 가장 높은 것이 사실이었다. 그런데 인터넷의 보급과 함께 중개수수료의 자유화가 진전되면서, 온라인증권회사의 중개수수료는 불과 반년 만에 세계 최저 수준으로 인하되었다.

중개수수료 인하 경쟁이 전개된 것은 외국계 금융기관 및 금융외 업종의 벤처기업들이 수수료 자유화 조치 이후 혼란스러운 상황 속에서 대거 참여하였기 때문으로 생각된다.

어쨌든 투자자 입장에서는 중개수수료를 점점 더 낮게 책정하는 증권회사가 속속 등장하고 있는만큼, 일단 구좌를 개설하고 사태를 관망하자는 사람들이 적지 않은 것으로 보인다. 그 결과 주식거래 신규 계좌 수는 순조롭게 증가하고 있는데, 과연 비즈니스로서 성공할수 있을지는 아직 미지수다.

얼마전 한 벤처기업이 항공업계에 진출하여 화제를 모은 일이 있었다. 이 때도 치열한 가격인하 경쟁이 재연되었는데, 실적이 전무한 신규사업자로서 '저렴한 가격'만이 유일한 차별화 요인이었는지도 모른다. 하지만 기존 업체들이 연대하여 일제히 가격인하를 단행하자, 그 회사의 이용률은 급전직하해 버렸으며, 결국 신규사업자가 항공료 저가정책을 포기함으로써 경쟁은 일단락되었다.

비록 특수한 경우인지 모르지만, 이 사례는 우리에게 한 가지 교훈을 분명하게 던져 주고 있다. 즉, 가격은 확실히 차별화 요인이 될 수 있지만, 오로지 '염가판매'만으로는 성공을 거둘 수 없다는 사실이다. 단지 가격 면에서만 상품과 서비스를 선택하는 고객만으로는 한계가 있는 것이다.

선발주자 따라잡기, 뛰어넘기

아마도 이 책을 읽고 있는 독자라면, '앞으로 인터넷 비즈니스를 시작해 보고 싶다'는 생각을 대부분 가지고 있을 것이다. 새로 시작한다는 것은 곧 신참자라는 뜻일텐데, 어떻게 하면 업계의 선발주자를 따라잡을 수 있을까, 아예 훨씬 더 뛰어넘을 수는 없을까 하는 고민에 머리 속이 복잡

할 것이라 짐작된다.

많은 사람들이 '가격경쟁'을 통해 선발주자의 시장을 잠식할 수 있을 것으로 생각하는 경향이 있는 것 같다. 이런 생각이 전적으로 틀렸다고는 말할 수 없겠지만, 지나치게 단순화시켜서는 안 된다고 지적하지 않을 수 없다.

'저가판매' 정책은 기업이 '대량매출'을 자신할 때 비로소 유력한 수단이 된다. 판매가가 낮다는 것은 곧 수입 감소를 뜻하는 것이므로, 그것을 보충할 수 있는 매출규모가 보장되지 않는 한 손실을 가져온다는 것은 너무나 자명한 사실이다.

그런데, 이미 '박리다매'라고 하는 사고방식은 더 이상 통용되지 않는 경우가 많고, 지지기반을 점차 상실해 가고 있는 중이다. 인터넷에서 정보로 무장한 소비자의 요구는 계속 다양화되고 있다. 따라서 아무리 가격을 인하해도 그만큼 꼭 많이 팔린다고만 할 수 없는 세상이 되었다.

원래 자본주의의 원리는, '상인'은 가능한 한 비싸게 팔려고 노력하고, '소비자'는 최대한 싸게 사려고 노력하는 가운데 상품가격이 형성된다는 것이다. 그런데 최근에는 소비자의 힘이 강력해졌기 때문인지 '비싸게 팔려고 하는 노력'을 포기하고 싸게 파는 것으로 소비자에게 영합하려는 상인이 늘어나고 있는 것 같은 느낌이 든다.

매출증가를 위해서는 '염가판매'가 매우 효과적인 수단이라는 것은 확실하다. 그렇지만 영속적인 '염가판매'는 경영을 압박하게 될 뿐이다. 상인이 염가판매를 '가격파괴'라는 미명으로 치장하고, 마치 자신의 노력에 의한 성과인 양 선전하고 있지만, 실은 '가격파괴'가 아니라 상인 자신이 패배한 것에 지나지 않는다.

두 마리 토끼, 고객만족과 염가판매

인터넷을 통해서 소비자는 점점 더 현명해지기 마련이다. 현명한 소비자를 상대로 이익을 보려면, 상인도 소비자 이상으로 현명해질 필요가 있다. 싸게 살 줄 아는 것이 현명한 소비자라면, 다른 매장보다 비싸게 팔아 이득을 보면서, 고객들도 만족하게 하는 것이 현명한 상인이다.

다시 한 번 말해 두지만, 인터넷에서 상품을 판매할 때 처음부터 박리다매에 의해 단숨에 시장을 제패하는 것을 꿈꾸어서는 안 된다. '박리다매'는 어디까지나 강자의 전술이고, 자본력이 없는 초보자는 오히려 '적은 수라도 비싸게 사 주는 고객을 찾아야 한다'는 것을 염두에 두는 편이 좋다.

오해가 없기 바란다. '다른 곳보다 비싸게 판매하라'는 뜻은 아니다. 고객은 제각기 다른 법이다. 가격은 나중 문제고 다른 판단기준에 의해 구입처를 결정하는 사람도 적지 않다. 싸게 하더라도 대량 판매를 할 수 없다면, 가격 이외의 것으로 승부를 해서, 비싸게 사 주는 고객을 찾는 쪽이 이익이다. 어디까지나 상인의 기본, 그러니까 '비싸게 파는 노력'을 충실하게 실행에 옮기라는 것이다. 일례로 이메일을 잘만 활용하면 그것은 얼마든지 가능하다.

인터넷에서 장사를 한다고 하는 것은, 소비자와의 지혜 경쟁에 다름 아니다.

2. 이메일 주소 쟁탈전

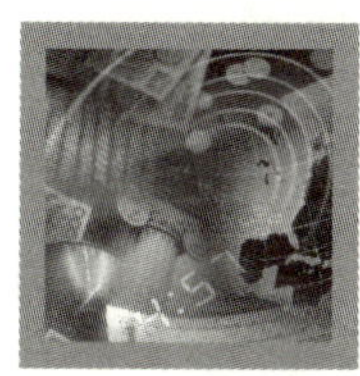

이메일 주소도 판매상품

인터넷을 처음 시작하고 나서 얼마 되지 않아, 기막히게 돈 버는 방법을 일러 주겠다는 정체 불명의 이메일을 받게 되는 경우가 흔히 있다. 이것은 정크메일(Junk Mail)이라고 불리우는 인터넷 DM광고 메일이다. 스팸메일(Spam Mail)이라고도 하는데, 원래 스팸은 뉴스그룹에 관계 없는 메시지를 올리는 것을 의미했었지만, 지금은 광범위하게 해석되어서, 수신자의 의사를 확인하지 않은 채 불특정다수에게 이메일을 발송하는 경우에도 사용된다.

정크메일을 받았다는 것은, 곧 당신의 이메일 주소가 메일링리스트에 등록되었다는 것을 의미하는 것이고, 한두 번이 아니라 지겨울 정두로 귀찮게 정크메일을 받을지 모른다는 점을 각오해야 할 것이다. 즉, 쓰레기로 당신의 메일박스가 가득 채워지는 것을 예상해야 한다는 말이다.

이러한 이메일 주소가 인터넷 상에서 당당히 판매되고 있다. 심지어 '신규 이메일 주소 400만 건이 단지 149달러!'라는 광고성 이메일을 수신한 적도 있다. 필자가 이런 것 따위를 살리는 만무하지만, 추측컨대 필자의 이메일 주소도 포함되어 있는 바로 그 메일링리스트일 것으로 생각된다. 인터넷 정크메일 업계는 점점 성장하여 이제 곧 거대산업으로까지 발전될 전망이다. 로봇을 사용해서 이메일 주소를 인터넷 상에서 수집하는 사람, 수집된 리스트를 파는 사람, 정크메일 발송용 소프트웨어를 판매하는 사람, 정크메일의 발송을 대행하는 사람 등 정말로 별의별 전문업체가 존재하고 있다.

정크메일의 매력은 무엇보다도, 낮은 비용으로 한꺼번에 1만 명 규모의 잠재고객에 대해 직접 광고할 수 있는 것이다. 예를 들어 100만 통의 정크메일을 발송했을 경우, 응답률이 1%의 100분의 1에 그친다고 해보자. 그러면 결국 1만 명에 한 사람 꼴로 반응을 보인 것이 되며, 적어도 100통의 유효응답을 기대할 수 있다. 만일 이것이 실제 주문으로 이어지면, 100만 엔의 매상을 올리는 것도 결코 허황된 이야기는 아니다.

상품에 자신이 있는 사람이라면 더욱 야심 찬 계산을 할 수도 있다. 이메일로 요령 있게 상품의 특징을 설명할 경우, 100명 중에 한 명이 주문할 정도로 응답률을 높여 잡을 수 있다. 실현 가능하다는 것을 전제로 100만 통 보내면 1만 명으로부터 주문이 오게 된다. 상품의 평균단가가 5,000엔이라면 5,000만 엔의 어마어마한 소득을 한번에 올리게 된다.

법정고소로 이어지는 정크메일

그렇지만 대개의 경우 그렇게 큰돈을 벌 수 있는 것은 아니다. 오히려 터무니없는 사태에 휩쓸리기 십상이다.

호의적인 반응이 전혀 없는 것도 아니겠지만, 몇 배나 되는 항의메일이 쇄도한다. 그리고 이런 항의들은 발신자에게 뿐만 아니라, 이메일 서비스를 제공하는 프로바이더(인터넷서비스업체)의 관리자에게도 보내지는 것이 일반적이다. 그렇기 때문에 최근에는 정크메일 발송 금지를 계약에 명시하는 프로바이더가 늘어나고 있다. 최악의 경우 정크메일의 발송 때문에 프로바이더로부터 고소되는 사태까지 발생하고 있다.

정크메일의 '숨겨진 수법'

정크메일 발송대행업자가 어떻게 해서 수백만 명의 사람들에게 정크메일을 발송할 수 있는지 궁금할 것이다. 한 가지 수법은 정크메일 발송을 오히려 반기는 프로바이더를 이용하는 것이다. 이런 프로바이더는 웹서버 등은 지원하지 않고, 단지 영리를 목적으로 메일서버를 임대해 준다. 정확히 말하면 정크메일 발송대행업자를 노리고 사업을 하는 것이다. 어떻게 보면 대단히 배짱 좋은 프로바이더들이라고 할 수 있다.

다른 한 가지 수법은 SMTP 서버(발신전용 메일서버)에 무임승차하는 것이다. 이것은, 인터넷을 통해 쉽게 구할 수 있는 정크메일 발신용 소프트웨어를 사용하면, 별다른 어려움 없이 할 수 있다. 정크메일 발신용 소프트웨어는 인터넷에 접속한 후 복수의 SMTP 서버에 동시에 접근해서, 다른 일은 하지 않고 오직 정크메일을 발신하는 기능만 수행하도록 프로그램되어 있다. 그 중에는 동시에 최대 8개의 SMTP 서버에 엑세스하여, 시간당 최고 10만 통까지의 정크메일을 발송할 수 있는 기능을 갖춘 것도 있다.

일반인들은 잘 모르지만, 프로바이더가 운영하는 SMTP 서버 중에는 방화벽시스템 등의 보안장치가 미흡하여, 누구라도 자유롭게 접근하여 메일을 발신할 수 있는 경우가 많다. 겉보기에는 그럴 듯 하지만, 의외로 시스템보안이 취약한 것이다. 그래서 최근에는 먼저 POP 서버에 로그인하게 하고, 제한된 시간 동안만 SMTP 서버를 사용할 수 있도록 하는 프로바이더가 늘고 있다. POP 서버에 로그인하기 위해서는 패스워드가 필요하므로, 일단 POP 서버의 로그인에 성공한 사람이라면 정식 이용자로 판단할 수 있기 때문이다.

내놓고 자랑할 일은 결코 아니지만, 필자의 동료 중에도 SMTP 서버에 접속하여 불법적으로 이용하는 사람이 있다. 물론 꼭 필요할 때 몇 번 뿐이기는 하지만 말이다.

그 친구의 말인즉 이렇다.

"인터넷에 접속이 되어도, 가입하고 있는 프로바이더의 SMTP 서버에 이상이 있어 이메일을 송신할 수 없는 경우가 가끔씩 있잖아. 이메일이라는 게 생각났을 때 그 자리에서 곧바로 보내야지, 그러지 않으면 별로 도움이 되지 않거든. 그럴 때, 미안하지만 슬쩍 다른 프로바이더의 SMTP 서버를 이용하는 거지 뭐."

그런데 문제는 바로 이런 방법을 써서 정크메일을 발송하는 것인데, 프로바이더 입장에서는 이만저만 곤란한 일이 아니다. 일시에 몇 만 통이나 되는 많은 메일을 처리하지 않으면 안 되기 때문에, 서버의 성능이 극도로 저하되는 것은 물론, 부하를 견디지 못하고 시스템 자체가 다운되는 경우도 적지 않게 발생한다.

한술 더 떠서 정크메일에 사용되는 메일링리스트의 정확도가 떨어진다는 것도 골치 아픈 문제다. 극단적으로 말하면, 절반 가까이 '수취인 불명'으로 돌아온다. 그 결과 몇 만 통이나 되는 '에러 메시지'가 원래의 SMTP 서버로 되돌아온다. 즉, 이중으로 서버에 부담을 주는 셈이다. 더욱이 정크메일의 수신자에게는, 정크메일을 중계한 SMTP 서버의 'IP 주소'가 기록되기 때문에 항의 메일이 쇄도하는 것을 감수해야 한다. 정작 정식 이용자로부터는 서버의 성능이 떨어지고 나빠졌다는 불평을 듣게 되고, 알지도 못하는 사람들로부터는 정크메일에 대한 항의를 듣게 되는 것이다.

시스템보안이 취약한 편인 일본 프로바이더의 SMTP 서버를, 전세계의 정크메일러들이 즐겨 이용한다는 이야기까지 들린다.

약간 빗나간 이야기같지만, 프로바이더도 아닌 일개 사이트의 운영자가 정크메일에 의해 받은 피해 한 가지를 소개할까 한다.

미국의 한 정크메일러가 실재하는 일본 기업의 이메일 주소를 무단 도용하여, '발신자'와 '에러 메일 반송처'로 사용해 버렸다. 과연 어떤 일이 벌어졌을까? 어느 날 갑자기, 한 시간 만에 1만 통이 넘는 에러 메일이 그 일본 기업의 메일박스에 물밀듯이 밀어닥쳤다.

실제로 그 일본 기업의 SMTP 서버가 이메일을 중개한 것도 아니고, 단지 정크메일의 '발신자' 주소로 사용되었을 뿐이기 때문에, 이것을 사전에 발견하는 것은 불가능했으며 방어할 수도 없었다. 시급히 메일 서버에 필터를 설치하는 등 밀어닥치는 에러 메일을 차단하는 데에는 겨우 성공했다. 하지만 이 같은 사건은 누구에게나 언제라도 일어날 수 있는 일이다.

이메일 주소 수집용 '로봇'

인터넷 상에서 이메일 주소를 수집하는 소프트웨어도 한층 더 정교해지고 있다. 이전에는 단순하게 뉴스그룹의 메시지나 홈페이지의 소스로부터 이메일 주소라고 생각되는 것을 무작위로 추출해서 데이터베이스화하는 것이 고작이었다. 그러던 것이 이제는, 인접한 키워드와 연관시켜 이메일 주소의 소유자가 무엇에 흥미가 있는지를 유추하는, '인공지능'에 가까운 기능을 가진 로봇까지 등장하고 있다.

예를 들어 alt.joke라는 뉴스그룹에서 '……오줌을 지릴 정도로 재미있는 이야기' 따위 색다른 표현을 쓰면, 어느샌가 '외설문학 매니아' 리스트에 올려져서 읽는 것만으로도 기분이 나빠지는 정크메일을 수도 없이 받아야 하는 사태가 벌어질지도 모른다.

잘만 활용하면 이러한 로봇을 활용하여 매우 효율적으로 잠재고객 명단을 작성할 수도 있다. 어떤 로봇 프로그램을 판매하고 있는 사람의 표현을 직접 빌리자면, '이 로봇으로 수집한 만 명의 이메일 주소에 DM을 발송했지만 항의 메일은 한 통도 오지 않았다. 수신자가 흥미를 느끼고 있는 정보만을 보낸다면 DM이라도 스팸은 아니다'라고 주장하기도 한다. 하지만 그 1만 통의 이메일 가운데 얼만큼이나 주문으로 이어졌는가에 대해서는 언급하고 있지 않다.

미국에서는 재미있는 실험이 이루어지기도 했다. 어떤 사람이 자신이 소유한 도메인에 몇 개의 이메일 주소를 부여하고, 이것들을 사용하여 뉴스그룹에 메시지를 올린 다음, 어떤 뉴스그룹이 가장 먼저 로봇의 표적이 되는가를 조사해 보았다. 결과는 본인의 예상대로였는데, 첫번째로 정크메일이 보내진 것은 alt.business.home.pc나 alt.business.multi-level과 같은 비즈니스 관련 뉴스그룹을 통해서였고, 그 다음이 alt.sex였던 것으로 기억된다. 보내 온 메일의 내용 또한 예상을 크게 뒤집지 못했다. 비즈니스 계통에서는 다단계판매와 비슷하거나 조금 수상한 비즈니스에 대한 참여를 권유하는 것이 대부분이었고, 섹스와 관련된 정크메일은 음란비디오와 성 관련 상품 또는 혹은 성인용 웹사이트에 대한 선전 등이 많았다고 한다.

이처럼 이메일 주소가 노출되는 것을 방지하기 위해, 뉴스그룹에서도 최근에는 비록 고급기술은 아니지만 나름대로의 자위수단을 강구하고 있다. 예를 들면 회신 주소를 susie@pianLOVEissimo.com으로 하고, '제게 연락주실 분은 중앙에 있는 LOVE를 제거해 주세요'라고 맨 끝에 주의의 말을 한 줄 써넣는 식이다. 쉽게 짐작하겠지만 중앙의 LOVE를 제거한 susie@pianissimo.com이 진짜 이메일 주소다. 로봇은 기계적으로 susie@pianLOVEissimo.com을 이메일 주소로 수집하기 때문에, 나중에 이 주소로 이메일을 발송할 때에는 실제로 존재하지 않은 주소로 가게 된다. 이렇게 하면 조금은 정크메일로부터의 피해를 줄일 수 있다.

정크메일에 대해서는 최근 수년 동안 논의가 계속되고 있지만 시비는

가려지지 않고 있다. 안이하게 생각하고 정크메일을 보내는 사람은 항의가 잇따르고 좋지 않은 평판을 얻게 되어, 결국 프로바이더로부터 서비스 가입을 취소 당하는 등 낭패를 보기도 한다. 한편 정크메일 찬성론자는 '수신자가 화를 내는 것은, 메일에 담겨진 정보가 가치가 없기 때문'이라고 주장한다. 그 또한 전혀 틀린 말은 아니라는 게 필자의 생각이다.

그런데 아마존이 신규고객 유치를 위해 이메일에 의한 DM을 적극적으로 활용하고 있다는 사실이 밝혀지면서, 작은 논란을 불러일으키고 있다. 주지하듯이 아마존은 대부분 할인가격으로 서적으로 판매하고 있다. 그런 내용을 안내하는 이메일이 과연 '정크메일'에 해당하는 것인지, 의견이 분분하다.

쉽게 결론이 나지 않겠지만, 다만 한 가지, 그런 이메일에 의해 실제로 상품이나 서비스를 주문한 사람에게는 '유익한 정보'였다는 점만큼은 부정할 수 없을 것 같다.

3. 개인정보 수집기술, 쿠키

개인정보 수집과 '쿠키'

네트워크비즈니스를 수행하고 있는 기업의 웹마스터라면 틀림없이 한번쯤, 웹사이트에 접속한 사람들의 이메일 주소를 전부 수집할 수 있다면 좋을텐데 하고 생각한 적이 있을 것이다. 하지만 개인 인터넷 이용자들은 가입하고 있는 프로바이더로부터 매번 다른 IP주소를 할당받아서 접속하기 때문에, 웹서버의 기능만으로는 특정인을 식별하는 것이 불가능하다.

그러나 '필요는 발명의 어머니'라는 말처럼, 욕구가 있으면 그것을 해결할 수 있는 기술이 발전하기 마련이다. 현재 이런 저런 수단을 모두 동원하여, 웹사이트에 접속한 사람들로부터 개인정보를 수집하는 다양한 기술이 개발되고 있다.

그 중에서 가장 먼저 손꼽을 수 있는 것이 '쿠키'로, 이것은 인터넷 상의 개인정보를 수집하는 데 있어서 기초가 된다.

쿠키를 간단하게 설명하면 사용허가를 얻은 후 브라우저에 ID를 기록하는 것이다. 그리고 나서 나중에 동일한 브라우저를 통해 접속하면, 하드디스크에 기록된 ID를 서버가 읽어 내어 '언제, 언제 접속했던 사람'이라고 인식한다.

'쿠키사용을 허가하는 경우, 하드디스크의 다른 내용까지도 노출되는 것'으로 잘못 이해되어 부정적인 평가를 받고 있는 경우도 더러 있는 것 같다. 하지만 실제로 그런 염려는 기우에 불과할 뿐이고, 오히려 좋은 방면으로 다양하게 이용되고 있다. 한번쯤 자신의 브라우저에 포함된 쿠키 파일을 살펴보라고 독자 여러분께 권하고 싶다.

쿠키가 즐겨 사용되는 경우로는, 흔히 온라인 쇼핑에서 볼 수 있는 '장바구니' 담기 기능을 들 수 있다. 고객이 장바구니에 담은 상품의 제품번호나 가격 등을 쿠키에 적어 두었다가, 최종적으로 주문이 이루어지거나 대금을 결제할 때, 그 내용을 검색하여 주문내역을 작성하고 결제금액을 계산한다.

쿠키가 위력을 발휘하는 것은, 번거로운 반복작업을 제거하기 때문이다. 또한 쿠키를 통해 과거의 접속기록에 대한 파악이 가능하므로, 접속을 거듭하면 마치 '단골손님'처럼 대접받을 수 있다. 예를 들어 한 번 자료를 청구하고 개인정보를 입력한 경우 이름이 쿠키로 기록되어, 다음 번

■ 하드디스크에 저장되어 있는 '쿠키'

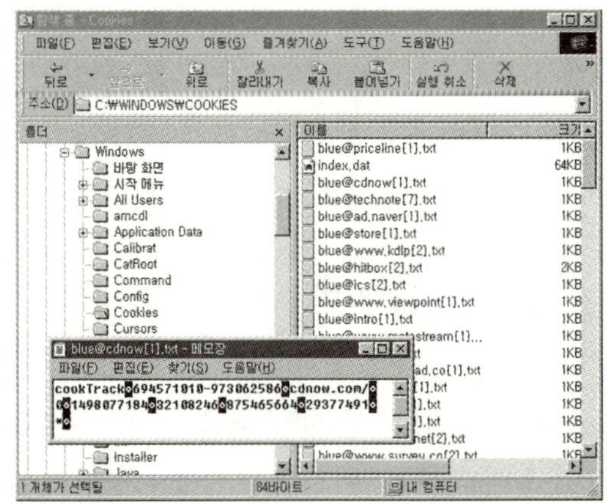

에 접속할 때에는 '사토씨, 어서 오세요'라는 메시지를 표시하는 등 일대 일 대응이 가능해지는 것이다.

최근 무료 회원제 사이트가 증가하고 있는데, 이 때 주로 사용하는 기본 ID와 패스워드(인터넷서비스를 가입하고 있는 프로바이더에서 사용하는 것)와는 다른 별도의 것을 만들어 신청하는 경우가 많다. 그런데 골치 아픈 것은 가입하는 사이트가 늘어날수록 패스워드 관리가 힘들어진다는 점이다. 다들 비슷한 경험이 있을 것으로 짐작되지만, 그 많은 ID와 패스워드를 기억하지 못하고 잊어버리는 경우가 흔히 있다. 그런 때는 어차피 무료니까 다시 게스트로 로그인해서 한 번 더 등록해도 되겠지만, 그 또한 귀찮은 일이다. 그래서 그런지는 몰라도 패스워드를 쿠키에 저장하는 사이트가 늘어나고 있다. 마치 낯익은 단골손님이 얼굴만 내밀고 무사통과하는 식이라고나 할까?

'익명정보' 와 '실명정보' 짜맞추기

쿠키는 말하자면 브라우저에 찍혀 있는 도장과 같은 것이기에, 다른 브라우저를 통해 접속하는 경우에는 당연히 '딴 사람 취급'을 받게 된다.

쿠키에 대한 잘못된 생각 가운데 하나가, 이전에 쿠키를 사용하지 않았던 다른 웹사이트에서도 쿠키를 통해 개인정보를 훔쳐볼 수 있다는 것이다. 하지만 특정서버가 기록해 놓은 쿠키는 오직 그 서버만이 참조할 수 있도록 되어 있다. 따라서 다른 서버가 기록해 놓은 쿠키를 읽는 것 자체가 불가능하므로, 누가 쿠키의 내용을 엿보지나 않을까 하는 걱정은 하지 않아도 좋다.

쿠키를 '프라이버시 침해'로 의심하는 데에는 다음과 같은 오해가 있는 듯하다. 특정 웹사이트에서의 행동이나 구매기록을 파악하는 것은 쿠키를 통해 어느 정도 가능하다. 그런데 이런 정보를 다른 서버에서 어떤 방법으로 입수하게 된다면, 사용자가 전혀 다른 사이트라고 생각하고 행동하더라도, 그 사람의 개인정보가 노출되는 것은 아닌가 하는 것이다.

실제로 이메일에 의존하는 DM회사에서는, 쿠키를 통해 얻게 된 '익명의 행동 기록'과 설문조사나 회신 메일에 의해 얻어진 '실명정보'를 데이터베이스화하여 관련성을 찾아가면서, 정확도가 높은 개인정보를 부지런히 축적하고 있다.

그 구체적인 방법은 다음과 같다. 이메일을 열면 아무 것도 표시되지 않는 빈 '투명화상'을 브라우저에서 읽도록 지시하는 스크립트를 숨긴다. 독자 중에는 '수신한 메일을 열자, 갑자기 브라우저가 구동'되는 경험을 가진 사람이 있을 것이다. 이 경우 스폰서의 웹사이트에 접속하게 되는 것이 일반적이다. 그런데 지금 설명하고 있는 스크립트는 그렇게 하지 않고, 화면상에는 아무 것도 나타나지 않도록 하면서, 한 개의 픽셀로 이루어진 투명화상을 보내는 것이다. 그런 과정을 통해 사용자가 인식하지 못하는 가운데, 쿠키를 기록하는 것이다.

이때 서버에서는 이메일을 읽은 사람의 수만큼 쿠키를 전송하게 되므로, 전송한 DM 이메일을 어느 정도 읽었는지에 대한 비율을 정확하게 산출할 수 있다.

물을 것도 없이 이메일 메시지 본문에는, 링크되어 있는 URL이 몇 개 정도도 포함되어 있다. 메일을 열어본 시점에서 이미 쿠키가 기록되고 있기 때문에, '그 사람이 어떤 내용을 읽고 어떤 웹사이트에 접근했는지'를 거의 정확하게 추적할 수 있는 것이다.

링크 사이트에 접속해 보면, 대개 사용자를 유혹하는 이벤트가 실시되고 있는 경우가 많다. 만일 기념품 따위를 받기 위해 자신의 성명이나 이메일 주소 등을 입력하게 되면, 그 순간 쿠키 ID에 연결되어 버린다. 그 후의 일은 굳이 이야기할 필요조차 없다. 그때부터 당신의 모든 행동기록이 속속들이 '실명 정보'로서 누출되는 것이다.

정체 불명의 소프트웨어

벌써 2년 전쯤의 일로, 미국에 주재하고 있었던 한 서버 관리자가 들려준 이야기가 매우 인상 깊었던 적이 있었다. 내용인즉, 정체를 알 수 없는 수상한 서버관리용 소프트웨어를 구입하라는 권유를 갑자기 받게 되었다는 것이었다. 잘은 모르겠으나 '웹사이트에 접속한 사람들의 이메일 주소를 자동적으로 수집할 수 있다'고 선전하더라는 것이다.

일반적으로 말해서 웹사이트에 접속하는 것만으로는 서버 측에서 개인을 식별할 수 있는 정보가 남지 않는다. 물론 설문조사 등을 통해 스스로 정보를 입력한 경우는 다르지만 말이다.

그래서 혹시, 정말로 그런 소프트웨어가 존재한다면, 판매하는 쪽에서 보면 강력한 무기인 셈이지만 이용자 입장에서는 우려되지 않을 수 없다. 조금 이상하다 싶은 웹사이트에 경계심 없이 그냥 접속하는 일은 아무래도 피하게 될 것이다.

그 소프트웨어는 도대체 어떤 구조로 되어 있는 것일까? 앞서 예로 들은 서버 관리자는, 구입 권유를 거절했기 때문에 자세한 내용은 알 수 없다. 다만 구입 권유 메일에 적혀 있던 설명에 의하면, 우선 웹서버에 엑세스한 상대방의 IP 주소를 추적한 뒤, 세션이 계속되고 있는 동안(접속상태를 유지하고 있는 동안) 메일서버에서 메일을 발신하는 것처럼 위장신호를 발생시킴으로써, 브라우저에 등록되어 있는 이메일 주소를 '합법적으로 알아내는 구조'로 되어 있다고 한다.

솔직히 말해 그런 것이 가능한지 아닌지 필자로서는 알 수 없다. 존재하시도 않는 소프트웨어를 팔려는 사기꾼이었을지도 모르고, 혹은 우리가 모르는 어두운 세계에서만 널리 알려진 소프트웨어였는지도 모른다.

그런데 브라우저 하나로 무엇이든지 할 수 있는 작금의 상황을 고려하면, 무조건 허무맹랑한 이야기라고 넘겨 버릴 수만은 없을 것 같다. 전문적인 도청 기술자가 전화의 자동응답기를 교묘하게 원격 조작해서, 대상으로 삼은 사람의 개인정보를 유출한다는 이야기도 들은 적이 있다. 자동응답기는 과거 통화기록이나 단축다이얼 등 개인의 프라이버시와 관계있는 내용들이 적지 않게 기록되어 있는, 일종의 컴퓨터라고도 할 수 있다. 만일 자동응답기가 부착된 전화기의 전화번호까지 파악되는 경우에는, 완전무방비 상태나 다름없게 된다.

이것은 IP 주소가 있으면 상대방 컴퓨터에 접속할 수 있는 인터넷 구조와 매우 닮아있다고 할 수 있다. 인터넷에서도 '다이얼업 모뎀을 사용하기 때문에' 안심해도 된다고 장담할 수 없다. 인터넷서비스업체에 가입한개인 이용자가 전화모뎀을 통해 인터넷에 접속한 경우라도, 접속되어 있는 동안에는 반드시 고유 ID인 IP 주소를 할당받아야 한다. 따라서 로그아웃할 때까지는 다른 사람이 그 IP 주소를 통해 얼마든지 당신의 PC에접근할 수 있는 것이다.

개인적 차원의 보안문제는 앞으로 더욱더 개개인이 스스로 조심하고대처하지 않으면 안 될 것 같다.

4. 어필리에이트 프로그램의 강력한 도전

영업거점으로서의 개인 홈페이지

현재 미국의 네트워크판매 업계에서 유력한 마케팅 기법으로 정착되고 있는 것이 어필리에이트 프로그램 (Affiliate Program: 수익분배 프로그램)이다. 어필리에이트란 원래 '제휴'라는 뜻을 지니고 있다.

'친구 집에 방문해서 편안한 시간을 보내고 있으면서, 자기도 모르는 사이에 상점에서 쇼핑을 하고 있었다.' 이런 경우는 현실 세계에서 일어날 수 없다. 하지만 가상공간인 인터넷의 세계에서는 모든 것이 가능하기 때문에, 그 같은 일이 얼마든지 생길 수 있다.

어필리에이트 프로그램을 현실 세계에 비유하여 표현하자면, '친구 소개 시스템'이라고 할 수 있을 것 같다. 구체적으로 말하면, 네트워크판매를 행하는 기업에서 개인 홈페이지에 배너광고를 부착하는 것이다. 즉, 개인이 만들어 놓은 홈페이지에 친구들이 접속하면, 이 배너광고를 통해 자사의 웹사이트에 연결되도록 한 것이다. 그리고 그 친구들이 제품을 구매하는 경우, 구매액의 일정 부분을 사례로 지급한다.

이런 시스템이 가능한 이유는, 어떤 경로를 거쳐서 접속한 고객인지를 쿠키를 사용해서 정확하게 추적할 수 있기 때문이다.

아마도 가장 유명한 사례는 서적을 판매하는 아마존의 '어필리에이트 프로그램'일 것이다. 아마존은 이 프로그램을 통해 구매된 합계금액의 5 ~15%를 어필리에이트 사이트에게 지급한다.

아마존에는 20만 개 사이트, PC 네트워크판매를 행하고 있는 사이베리안에는 7만 개 사이트가 어필리에이트 프로그램에 참가하고 있다. 아마존의 경우 자사의 웹사이트로 통해 있는 20만 개에 달하는 네트워크 상의 '입구'가 전세계적으로 분포하고 있는 것이나 다름없다.

어필리에이트 프로그램은 본인도 직접 판매활동을 해야 하는 다단계 판매와는 조금 다르다. 특별히 영업에 신경 쓰지 않아도 되고, 다른 사람을 끌어들일 필요도 없다. 때문에 큰 부담을 느끼지 않고 이 프로그램에 참여하는 사람들이 제법 많다.

요약하면 어필리에이트 프로그램은 개인적으로 운영하는 홈페이지를 가상상점의 창구로 삼겠다는 전략이라 할 수 있겠는데, 개인의 영향력이 강한 인터넷의 특징을 살리고 있다는 점에서 설득력 있는 접근 방법이라 생각된다.

덕분에 아마존의 매출은 급증하고 있다. 그러나 반면에 결산상으로는 크게 적자를 보고 있는 것으로 알려지고 있다. 이것은 아마존이 마케팅 관련 기업의 인수합병을 지속적으로 추진해 가고 있는 것의 영향도 있지만, 한편으로는 '15%의 수익배분율은 조금 지나치다는 점'과도 전혀 관계가 없지는 않은 것 같다.

최대 장점은 신규고객 창출

어필리에이트 프로그램은, 특히 일반 소비자를 대상으로 네트워크판매를 행하는 웹사이트들이 적극적으로 도입하고 있다. 네트워크 상에서 선물용품을 판매하는 유력한 사이트 가운데, 5개 중 4개 회사의 비율로 어

Autobytel.com (Nasdaq:ABTL)	$20.40
Amazon.com (Nasdaq:AMZN)	$27.60
Beyond.com (Nasdaq:BYND)	$29.30
Priceline.com(Nasdaq:PCLN)	$32.30
Barnesandnoble.com (Nasdaq:BNBN)	$40.00

(자료 : 미국 Intermarket Group)
http://bizit2.nikkeibp.co.jp/wcs/usn2/article/199990924/14.shtml
http://www.businesswire.com/webbox/bw.092399/192660164.htm

필리에이트 프로그램을 운영하고 있다는 조사결과도 발표된 바 있다.

그러면 어필리에이트 프로그램이 이렇게까지 단기간에 보급된 까닭은 무엇일까?

첫 번째 이유로 들 수 있는 것은 아마존의 성공이다. 현재 내규모 적자 상태를 면치 못하고 있는 회사를 '성공'이라고 표현하는 것에는 이론의 여지가 있지만, 연간 10억 달러의 매출을 불과 몇 년 동안에 실현했다는 점을 감안하면, 그 성장성을 높게 평가하는 데 큰 무리가 없을 것 같다. 아마존에서도 인정하듯이, 그 성장에 크게 기여한 것이 바로 어필리에이트 프로그램이다.

어필리에이트 프로그램에서 일반적으로 지급되는 수수료는 매출의 5 ~10%라고 한다. 제품단가가 100달러인 경우, 10%인 10달러가 수수료로 지급되는 것이다.

어필리에이트 프로그램을 운영하는 데에는 적지 않은 일들이 수반된다. 먼저 홈페이지 개설자와 계약을 해야 하는 것은 물론이고, 매출을 관리하여 매달 수수료를 송금해야 한다. 그리고 프로그램에 참여하는 사이트가 일정 규모 이상으로 늘어나면, 앞에서 말한 일들을 전담하는 별도의 시스템을 추가하는 등 관리, 유지비용만도 상당한 액수에 달할 것이다.

관리비의 증가에도 불구하고 어필리에이트 프로그램을 도입한 대부분의 기업들은, 중단하기보다는 지속적으로 실시하는 경향이 있다. 이것은 매출의 10% 정도를 투입해서 얻을 수 있는 신규고객 유치 효과에 큰 매력을 느끼고 있기 때문이다.

실제로 인터넷에서 신규고객을 유치하는 데 투입되는 비용은 흔히 생각하는 것보다 높은 편이다. 위의 표는 미국의 한 리서치회사가 발표한 자료인데, 유명 사이트들이 신규고객 한 사람을 유치하는 데 소요되는 판촉 비용을 비교한 것이다.

업종에 따라 다르지만 한 사람의 신규고객을 유치하기 위한 비용은 20~40 달러로 나타나고 있다. 이처럼 높은 비용은, 유명한 포탈사이트의 배너광고 요금이 상승하여 인하될 조짐이 보이지 않는 가운데, 상대적으로 클릭률은 크게 저하되고 있는 것과 관계가 깊다. 날로 경쟁이 극심해지고 있는 상황 속에서, 비록 효과가 적다는 것을 알고 있으면서도, 울며 겨자 먹기로 브랜드 인지도에 의한 노출 때문에, 막대한 판촉예산을 인터넷 광고에 쏟아 붓고 있는 것이다.

이 같은 배경에서, 비용 대비 효과 면에서 우수하면서도 노출도를 보장할 수 있는 판촉수단이 없을까 궁리하던 끝에 생각해 낸 묘책이 바로 어필리에이트 프로그램인 것이다.

어필리에이트 프로그램의 핵심은 가입한 웹사이트에 무료로 배너광고를 표시하는 것이다. 배너광고를 표시하는 것만으로는 아무런 대가를 보상하지 않는다. 실제 구매가 이루어질 때 비로소 수수료가 지급된다.

그러니까 일종의 성과급인 셈인데, 제품단가가 100달러이고 수수료를

10% 지급한다고 하면, 불과 10달러만으로 신규고객을 유치할 수 있고, 나아가 프로그램에 참여하는 사이트가 늘어나면 늘어날수록, 배너광고의 표시 횟수도 기하급수적으로 증가하는 효과가 있다. 판촉 비용을 절감하면서, 동시에 무료 배너광고에 의해 브랜드 인지도를 높이는 효과를 기대할 수 있는 것이다. 한 마디로 일석이조인 것이다.

미국의 리서치 회사, 주피터 커뮤니케이션스(Jupiter Communications)에 의하면, 2002년에는 네트워크판매의 총매출액 가운데 25%가 어필리에이트 프로그램에 의존하게 될 것으로 예측하고 있다. 따라서 만일 어필리에이트 프로그램을 도입하지 않는 기업은 대규모 판매채널을 상실하는 것과 다를 바가 없다.

일본에서도 드디어 어필리에이트 프로그램을 본격적으로 도입하는 사이트가 등장하고 있는데, 아직까지 매출은 그리 신통치 않은 편이다.

'바이러스 마케팅'의 전파 효과

바이러스 마케팅(Viral Marketing)이란, 바이러스성의, 즉 '전염성 있는 마케팅'이라는 의미로 비교적 최근에 미국에서 만들어져 사용되고 있는 용어다.

이런 용어가 탄생된 계기를 제공한 것이, 미국 핫메일(Hotmail)의 무료 이메일 서비스다. 별도의 이메일 소프트웨어를 사용하지 않고 브라우저만으로 이메일 송수신이 가능하며, 무엇보다 무료로 이메일 주소를 사용할 수 있다는 장점이 있으므로, 불과 4년 사이에 가입자가 무려 1천만 명에 달하게 되었다. 이전에는 이메일 주소를 프로바이더로부터 할당받아 사용했는데, ID 작성에 제한이 있어 이메일 주소를 가지고는 누구의 것인지 잘 알 수 없는 경우가 많았다. 그러나 핫메일의 이메일 주소는 비교적 자유롭게 만들 수 있었고, 이것이 화제가 되었다. 핫메일의 이메일 주소를 처음 접한 사람이 발신자에게 되묻는 과정이 거듭되면서, 소문은 입에서 입으로 전해졌고, 마치 전염성이 강한 바이러스처럼 핫메일의 이메일 서비스는 빠른 속도로 확산되었다. 바로 이런 모습을 두고, '바이러스'라고 빗대어 표현하게 된 것이다.

이와 같이 인터넷에서 제공되는 편리한 무료 서비스는, 언제든지 폭발적으로 확산될 수 있는 가능성을 지니고 있다. 그런 예들로서는 관심 있는 홈페이지에 자신의 이메일 주소를 등록시켜 두면, 컨텐츠가 생신될 때마다 그 사실을 자동적으로 알려주는 'Mind-It'(미국을 중심으로 한 지역의 가입자 400만 명), 자신의 친구를 등록하고 다시 그 친구가 친구를 등록하는 방식으로 '친구의 친구' 네트워크를 만들어 갈 수 있는 'SixDegrees'(서비스개시 1년 만에 50만 명이 가입)등을 들 수 있다.

핫메일의 뒤를 이어 무료 이메일 서비스를 제공하는 회사가 급증하게 되었는데, 일본의 경우도 예외는 아니다.

이 회사들의 과제는 포탈사이트와 마찬가지로, 오직 '광고에만 의존하는 수입구조'를 어떻게 하면 탈피할 수 있는가 하는 것이다. 방금 소개한 핫메일은 1997년 마이크로소프트에 추정금액 4억 달러로 매각되었다. 보유회원 1,000만 명에 4억 달러이므로, 회원 1인당 40달러라는 계산이 나온다. 과연 이 금액이 적정한 것인지에 대해서는 의견이 분분했다.

비즈니스모델의 특허 분쟁

어필리에이트 프로그램을 도입하고 있는 기업에서 관심을 가져야 할 소식이 한 가지 있다. 다름 아니라 미국의 링크셰어(Linkshare)라는 기업에서 1999년 11월 23일자로 네트워크 상의 상거래 트래킹 및 관리 시스템으로서 비즈니스모델에 대한 특허를 출원하여 적격판정을 받은 것이다.('비즈니스모델 특허'에 대해서는 다음에 상세하게 다룰 것이다.)

특허의 개요를 읽어보면, 배너광고를 통해 접속이 이루어지면 비록 최초 구매가 이루어지기 이전의 시점이라도 수수료 지급대상이 되는 것으로 기록되어 있다. 현재 기업에서 도입하고 있는 어필리에이트 프로그램의 시스템도 동일한 구조를 취하고 있다.

당초 특허를 출원한 것은 1997년의 일이다. 이번에 내려진 특허판정이 어떤 결과를 가져올지는 아직 불투명하지만, 링크셰어의 시스템과 똑같은 구조로 이루어진 프로그램을 채택하고 있는 사이트가 많은 만큼 앞으로의 향방이 주목된다.

미국에서는 특허를 둘러싼 분쟁이 대개 힘겨루기의 양상을 띠게 되는 경향이 있다. 따라서 대기업이 절대적으로 유리하다고 할 수 있다. 특히 비즈니스모델에 대한 특허 분쟁에 있어서는 판례가 거의 없는 만큼, 일차적으로 중소기업을 겨냥하여 특허권 침해로 제소한 뒤, 승소판결을 기반으로 대기업과의 싸움에 나설 가능성이 높다.

5. 인터넷 비즈니스의 수익모델

아마존의 사례

연일 최고가를 갱신하는 등 활황을 이어가고 있는 나스닥에서, 장세를 이끌고 있는 주역은 말할 것도 없이 인터넷 비즈니스 관련 종목이다.

그런데 인터넷 비즈니스 관련 기업의 결산서를 훑어보면, 적자를 기록하는 기업이 많은 것에 놀라게 된다. 미국은 세제 면에서 일본과 차이가 있고 감가상각에 대한 기준도 비교적 완화되어 있기 때문에, 적자가 곧 유동성 악화로 이어지는 것은 아니다. 하지만 아무리 그렇다 하더라도 '이런 적자 상태에서도 전혀 문제가 없는 것일까?'라는 생각이 들 정도로 굳이 적자를 숨기려고 하지 않는 기업조차 있는 것 같다.

그런 전형으로 손꼽을 수 있는 사례는 아마도 인터넷 비즈니스의 대표 주자라고 일컬어지는 아마존일 것이다. 1999년 3/4분기(7~9월)의 결산내역을 보면, 매출 면에서는 3억 5,600만 달러로 전년도 동기 대비 132%가 증가하여 순조로운 신장세를 나타냈지만, 수지는 1억 9,700만 달러의 적자를 기록했다. 2/4분기 적자가 4,500만 달러였으므로, 적자폭이 4.4배 확대된 것이다. 더욱이 이러한 분기별 실적을 연간기준으로 환산하면, 1년 동안 무려 8억 달러의 적자를 내는 셈이다.

그럼에도 불구하고, 아마존의 주가는 여전히 강세를 유지하고 있다. 그 이유는 무엇일까? 단적으로 말해서 그 이유는 고객이 꾸준하게 빠른 속도로 증가하고 있으며, 재주문의 비율이 상승하고 있기 때문이다. 즉, 3/4분기에 창출된 신규고객은 240만 명(전년도 동기 대비 190% 증가)이고, 분기말(1999년도 9월말) 현재 누적 고객 수는 총 1,310만 명에 달한다.

고객 리스트가 늘어나면 늘어날수록, 재주문에 의한 수익률의 급격한 상승을 기대할 수 있다. 인터넷을 기반으로 한 고객유지 마케팅에 의존함으로써, 신규고객을 유치할 때와는 비교할 수 없을 정도의 낮은 비용으로 재주문을 실현할 수 있다는 것이 주된 이유다. 요컨대 아마존의 막대한 누적적자는 1,310만 명에 달하는 고객으로부터 처음 주문이 이루어지기까지 투입된 비용이며, 앞으로는 '추가적인 판촉 비용이 거의 없는 상태에서 재주문이 발생할 것'으로 기대할 수 있다는 것이다.

현재 아마존은 재주문이 총 매출건수에서 차지하는 비율이 72%에 이르고 있으며, 서서히 상승하고 있는 중이다. 아울러 핵심영역이라 힐 수 있는 서적판매 부문에 있어서 재주문 증가에 따른 수익률 향상에 힘입어, 4/4분기에 처음으로 당기순이익이 흑자로 돌아섰다.

경영자와 기업가치 극대화

아마존의 나스닥 상장 직후, 일본의 투자분석가들은 결산내역을 근거로 '이미 빈사 상태에 이르렀으며, 도산은 시간 문제'라고 혹평했다. 일본에서는 경상이익을 빠짐없이 정확하게 계산하여 주주에게 배당하는 것이 '우량 기업'의 조건이자, 상장기업에 대한 평가기준이 된다.

그렇지만 미국에서는 사고방식이 조금 다르다. 경상수지는 그다지 중요하게 생각하지 않는다. 비록 적자를 내더라도 적극적인 M&A와 투자

전략을 내세워 기업가치를 높이는 것이 경영자의 사명으로 받아들여진다. 기업가치가 높아지면 주가가 오르고 시가총액도 불어나는데, 이것이 상승 효과를 가져와 기업가치를 더욱 높이는 데 유리한 힘으로 작용한다. 결과적으로 주가는 계속적인 상승세를 타고, 이를 마다할 주주는 한 사람도 없을 것이다.

다시 아마존의 이야기로 돌아가 보자. 어째서 거액의 적자를 내고도 의연하게 버틸 수 있는 것일까? 답은 간단하다. 큰 적자에도 불구하고 유동성이 악화된 것은 아니기 때문이다. 기업가치를 끌어올릴 수 있다면, 주가의 상승과 함께 벤처캐피탈 등으로부터 막대한 자금을 유치하는 것이 가능하고, 유동성에 대해서는 염려하지 않아도 된다는 계산인 것이다.

일본의 기업들이 '수익성 향상에 의한 배당'을 목적으로 투자하는 데 비해, 미국 기업은 '기업의 자산가치(시가총액)를 증대'하기 위해 아낌없이 자금을 투입한다.

미국의 한 벤처기업가는 '오늘날 주식시장에서는 손실이 크면 클수록 오히려 회사의 가치가 올라가는 것 같다'고 다소 비난 섞인 어투로 말하고 있다. 아무튼 선뜻 이해되지 않는 오묘한 진리라고밖에 말할 수 없을 것 같다.

인터넷 비즈니스는 '수익체증형' 모델

최근 인터넷 비즈니스 관련 기업의 경영자가 강연 등을 통해, '인터넷 비즈니스는 수익체증형 모델이다'라고 말하는 것을 자주 듣게 된다.

'수익체증'이란 '매출 및 시장점유율의 증대에 따라 매출에 대한 이익률이 가속적으로 증가한다'는 것을 의미한다. 이것과 대극을 이루는 것이 매출증대에 수반하여 비용이 증가하는 '비용체증형 모델'이다.

만일 인터넷 비즈니스가 수익체증형 모델이라는 것이 판명된다면, 매출확대를 통해 일정 시점부터 급격한 이익률 상승을 확실하게 기대할 수 있게 된다.

앞서 언급한 아마존의 경우, 지금에서야 핵심영역인 서적부문에서 비로소 흑자로 전환했다. 앞으로 서적부문의 이익률이 가속적으로 증가되어 전체부문의 적자를 보전할 정도가 되면, 인터넷 비즈니스가 수익체증형 모델임을 실증하는 것이나 다름없다.

일본에서도 유사한 사례가 등장하고 있다. 야후의 일본 현지법인인 야후 재팬의 경우가 바로 그것이다. 1999년 10월에 발표된 상반기 결산 보고서에 따르면, 매출은 전년 동기에 비해 약 3배인 21억 엔이었던데 비해, 이익은 7.7배인 7억 2,000만 엔이었다. 매출의 1/3이 이익이라는 것도 경이적이지만, 매출이 3배로 늘어나면서, 이익은 8배나 증가했다는 것 역시 괄목할 만한 일이다.

인터넷 광고 시장이 점차 확대되고 있고, 야후도 앞으로 온라인쇼핑에 주력할 계획으로 있어 판매수수료에 의한 수입이 증가될 것으로 기대된다. 하반기 결산이 과연 어떻게 될지 귀추가 주목되지 않을 수 없다.

이론과 현실의 격차

경제학이론에서는 수요곡선과 공급곡선이 교차하는 시점에서 수지가 균형을 이루는 것으로 되어 있다.

그림 1은 지금까지 경제학에서 가르쳐 온 전통적인 곡선 모델이다. 여기서 일반적으로 공급곡선은 우상향이 된다.

그런데 인터넷 비즈니스에 있어서는 '학습 효과에 의해서 생산량이 늘어나는 만큼 공급이 용이해져 가격이 하락한다'는 것을 가설로서 생각할 수 있다(그림 2). 이때 공급곡선의 기울기가 급하면 급할수록, 수지균형을 이룬 시점 이후의 수익은 급속도로 확대된다. 이것이 수익체증형의 근

■ 전통적 수요곡선 모델(그림1)

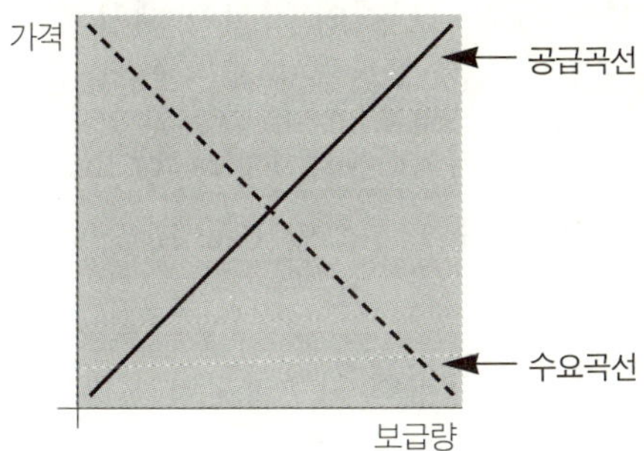

■ 가설 1: 인터넷 비즈니스의 수요곡선 모델(그림2)

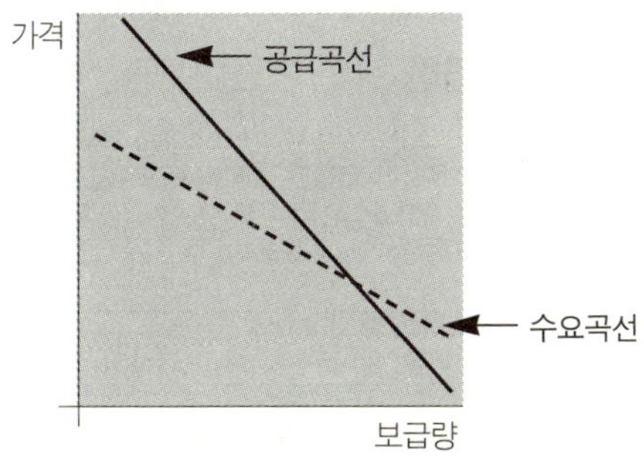

■ 가설 2: 인터넷 비즈니스의 수요곡선 모델(그림3)

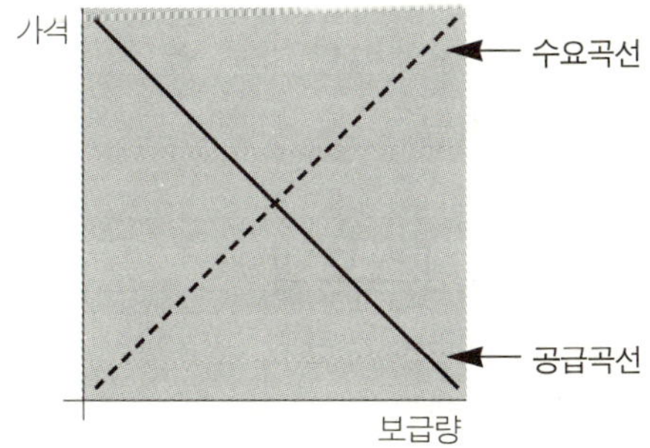

거가 될 수 있는 수요곡선 모델이다.

한편 미국에서는 더욱 극단적인 가설이 제시되고 있다. 인터넷 비즈니스에서는 수요곡선이 우상향으로 된다는 것이다(그림 3). 케빈 켈리 (Kevin Kelly)는 그의 저서("New Rules for the New Economy") 에서, MIT 공대의 경제학자 폴 크루그만(Paul Krugman)의 말을 다음과 같이 인용하고 있다.

'네트워크경제에서 공급곡선은 우하향하고, 수요곡선은 우상향한다.'

케빈 켈리는 또 같은 책에서, 지식 및 기술 확산이 가속화됨으로써 수요곡선을 끌어올리는 동시에 공급곡선을 눌러 내리는 힘이 매우 강력하게 작용한다는 요지의 서술을 하고 있기도 하다. 이것은 수익체증형 비즈니스모델을 설명하는 유력한 이론적 근거가 될 충분한 가능성이 있다.

그렇지만 인터넷 비즈니스는 전부 '수익체증형 모델'이라고 말하는 데에는 무리가 있다. 실제로 비용체증형 모델에 속하는 인터넷 비즈니스가 적지 않은 것이다.

수익체증형 모델이 되기 위해서는 매출과 고객이 증대하더라도, '저비용 구조를 유지할 수 있는 기술적 뒷받침'이 있어야 한다는 조건을 만족시켜야 한다. 인터넷 비즈니스에 있어 비용은 서버 등의 설비투자도 포함되지만, 신규고객을 유치하거나, 재주문을 유도하기 위해 소요되는 마케팅 비용이 역시 크다. 미국에서는 바로 이 점 때문에 '자동화된 마케팅 시스템'을 개발하는 데 지속적으로 힘을 쏟고 있다는 것이다.

매각 목적의 비지니스모델

미국은 지금 인터넷 비즈니스 관련 기업들의 잇따른 인수합병으로, 초대형 네트워크 기업이 탄생하는 움직임을 보이고 있다. 주가가 상승하고 기업의 자산가치, 곧 주식시가총액이 늘어나면, 기업인수를 위한 풍부한 자금을 쉽게 조달할 수 있고, 인수합병을 거치면서 자산가치는 더욱 증식된다. 그리고 이런 과정이 반복되면서 기업규모는 계속해서 불어나는 것이다.

바로 이것이 이른바 소프트뱅크가 표방하고 있는 '시가총액·극대화 경영'이다.

그래서 그런지는 몰라도, 기업간 인수합병이 보편화되면서, 아예 시작부터 매각을 목적으로하는 비즈니스모델까지도 등장하고 있다.

이러한 비즈니스모델에서 내세우는 것은 '수입은 없지만, 많은 고객을 확보하고 있다'는 점이다. 핫메일이 마이크로소프트에 매각된 예는 이미 앞에서 소개한 바 있다. 핫메일은 광고료를 주된 수입원으로 하는 비즈니스모델이었지만, 마이크로소프트가 탐냈던 것은 그것이 아니었다. 말할 것도 없이 1,000만 명에 달하는 고객데이터베이스의 가치를 인정했던 것이다.

수익체증형 비즈니스모델을 실현하는 데에는, 이용자 수가 많으면 많을수록 좋다. 5만 명 정도의 회원조직으로는 거의 가치가 없지만, 이것이 20만 명, 100만 명, 500만 명이 되면 가속적으로 그 가치가 증대된다. 아니 좀더 정확히 말해서, 그렇다고 믿고 있다.

실제로 500만 명 규모의 무료회원 조직을 시장에서 만들려면, 상당한 자금과 시간이 소요된다. 마이크로소프트가 1,000만 명의 회원조직을 4억 달러에 매입했으니, 1인당 비용이 40달러인 셈인데 이것을 비싸다고 하는 사람이 있을지 모른다. 하지만 시간적인 측면을 함께 고려하면, 오히려 싸다고 하는 견해도 충분히 성립될 수 있다.

이제는 이미 유명해진 ICQ는 이스라엘 회사였는데, AOL(America OnLine)에 약 4억 달러로 매각되었다. ICQ의 경우는 광고료 수입을 무시하고, 오로지 이용자 확대만을 목표로 삼았다. 그 덕분인지 몰라도, 전세계적으로 1,000만 명 이상이 이용하는 인기커뮤니티로 훌륭하게 성장했으며, 높은 가치를 인정받게 된 것이다.

ICQ가 매각될 때까지의 과정을 되짚어보면, 당초부터 '다른 유수한 기업에 사업 전부를 팔아 버리겠다는 전제를 가지고 추진한 사업'이라고 보는 것이 타당할 것 같다.

이렇듯 먼저 편리한 서비스를 무료로 제공하여 이용자를 확보하고 나서, 사업이 커진 뒤 다른 기업에 통째로 매각한다는 전략도, 인터넷 비즈니스를 수익체증형 모델로 보는 시각이나, 시가총액 극대화 경영이 퇴색되지 않고 현재와 같은 평가를 계속 유지하는 한, 그리 나쁘지만은 않은 것 같다.

인터넷 비즈니스, 과연 거품인가

1999년도 후반에 접어들면서 다우존스가 약보합장세를 나타내는 동안, 나스닥에서는 비정상적이라고 할만큼 주가가 큰 폭으로 상승했다. 특히 3,000 포인트를 뛰어넘고 나서 지수 4,000포인트 대까지 도달하는 데 불과 2개월밖에 걸리지 않았다.

미국의 투자자들 사이에 인터넷 비즈니스 관련주가 거품이라는 인식은 없는 것일까? 현재 인터넷 비즈니스 관련주의 90%가 적정가보다 높게 평가되고 있다고 말하는 투자분석가도 있지만, 대다수의 투자자들은 우량주인 만큼 상승세가 계속될 것이라 생각하고 있다.

일본에서는 주식의 적정가를 판단하는 지표로서 PER(Price Earning Ratio, 주가수익률)이나 ROE(Return On Equity, 자기자본이익률) 등이 사용되고 있다. 그런데 이들 지표에 의하면 인터넷 비즈니스 관련주들은 지나치게 고평가된 것으로 나타난다.

일본은행의 펀드매니저 출신으로 현재 독립적으로 활동하고 있는 아라이 타쿠야(荒井拓也)는 '기업가치와 주가는 원래 일치하는 것이기 때문에, 먼저 기업가치를 정확하게 파악하는 것이 중요하다'고 주장하고 있다. 그는 자신의 저서에서 기업가치에 대한 계산식을 제시하면서, 다음과 같이 지적하고 있다.

즉, '기업가치, 1주당 순이익, 미국 국채 30년물의 금리를 계산식에 대입하면, 미국의 기업들은 주가와 기업가치가 거의 일치하고 있는 데 비해, 일본기업의 주식이 오히려 거품'이라는 것이다.

또한 그가 내세우는 주식투자의 철칙은 'Buy and never sale, 일단 주식을 매입하면 섣부른 매각은 생각지 말라'는 것이다. 바꾸어 말하면 주식투자를 하는 경우에는, 장기간 보유하는 것을 전제로 종목을 선택하라는 것이다.

나스닥에 공개되어 있는 주식은 대체로 변동폭이 크다. 예를 들면 더블클릭(Double Click)의 주가는 1999년도 초반에는 약 50달러였는데, 현재는 250달러까지 상승하고 있다. AOL도, 1999년 4월의 최고가 83달러에서 같은 해 9월 최저가가 41달러까지 하락하는가 싶더니, 다시 11월에는 4월의 최고가를 갱신하기 시작했다. 그래프로 보면 등락의 정도를 실감할 수 있을 것이다.

■ 기업가치의 계산식

$$V = \frac{J}{r} + \frac{J}{r\frac{1}{r}}$$

V = 기업 가치
J = 1주당 순이익
r = 미국 국채 30년물 금리

그러나 AOL의 기업가치가 1999년 4월부터 9월까지 반년 사이에 절반으로 감소했고, 다시 두 달만에 원래대로 회복했다고 생각하는 것은 곤란하다. 유명한 인터넷 비즈니스 관련주라고 하지만, 회사별로 보면 거래량이 적다는 점을 감안해야 할 것이고, 매번 주가변동에 민감하게 반응하지 않는 것이 좋을 것 같다.

따라서 나스닥의 인터넷 관련 벤처종목에 투자하는 경우에는, 투자시점을 그릇 판단하게 되면 뚜렷한 이유 없이 주가가 절반으로 떨어질 수도 있다는 점을 충분히 고려하지 않으면 안 된다. 즉, 자금 여건이 좋을 때, 여유 자금으로 투자하는 것이 철칙이다.

장기적인 안목으로 보면, 결국 실력 있는 기업의 주가는 상승하고, 그렇지 못한 경우는 하락할 뿐이다. 다만 한 가지, 인터넷 비즈니스에 있어 선행투자를 회수하지 못한 채 경쟁에서 패배하는 경우, 기업가치가 일시에 소멸되어 버릴 위험성이 높다는 점만큼은 확실하다.

인터넷 비즈니스는 계속해서 성장하고 있다. 그러므로 비록 최고의 기업이 되지 못하더라도 아직 가능성은 남아 있기 때문에, 인터넷 비즈니스 관련 종목은 당분간 상승장세를 이어갈 것으로 생각된다.

6. 비즈니스모델의 특허

아마존과 반스앤노블의 특허 분쟁

1999년도 후반부터 비즈니스모델 특허에 관한 움직임이 발빠르게 전개되고 있다.

1999년 9월 28일, 아마존은 자사 웹사이트에서 채택하고 있는 '원 클릭' 기술에 대해 비즈니스모델 특허를 취득했다. 이것은 온라인 쇼핑을 할 때에, 고객이 매번 주소 등의 정보를 입력하지 않아도 절차가 1회의 클릭으로 완료되는 편리한 시스템을 말한다.

특허 취득 직후 '쿠키를 사용한 시장바구니 기능 등은, 이미 일반적으로 사용되고 있는 기술에 지나지 않아 특허로서 인정되는 것 자체가 이상하다'고 특허의 유효성을 의문시하는 소리가 높아졌다.

그런데 특허 취득 후 1개월도 되지 않은 1999년 10월 23일 라이벌사인 반스앤노블(Barnes and Noble, 미국 최대 규모 서점)이 특허 침해로 고소되었으며, 당해 기술에 대한 사용금지 가처분 판결이 내려졌다. 반스앤노블은 즉각 가처분명령을 수용할 의사를 표명했지만, 인터넷에서는 아마존에 대한 항의운동이 전개되고 있다.

한편 프라이스라인은 항공권의 구입 희망가격을 소비자가 지정하는 '역경매' 방법을 채택하고 있는데, 1998년 말 주식공개를 통해 일약 유명해진 기업이다.

　바로 그 프라이스라인이 1999년 10월 23일 마이크로소프트를 특허 침해로 고소했다. 프라이스라인의 주장에 따르면 마이크로소프트가 개시한 서비스(Hotel Price Matcher Service)가 자사의 비즈니스모델 특허를 침해했다는 것이다.

　이 특허 분쟁 뒤에는 다음과 같은 사정이 있다. 즉, 마이크로소프트가 프라이스라인과 제휴 관계를 모색하면서 NDA(Non-Disclosure Agreement)를 체결하고 프라이스라인이 보유한 특허 내용을 열람한 적이 있었던 것이다. 이번 사건은 당시의 불화가 원인이 되었던 것이 확실한데, 과연 어떤 판례가 나올 것인지 인터넷 비즈니스 업계 전체의 눈귀가 쏠려 있다.

전기를 마련한 금융시스템에 관한 판례

　원래 특허는 새로운 발명에 대해 인정한다고 하는 것이 일반적인 생각이다. 그런데 '비즈니스 형태'에 대해서도 특허를 인정하는 방향으로, 그 범위가 확대된 것은 무슨 까닭일까?

　미국에서도 비즈니스모델을 특허로서 받아들이게 된 것은 극히 최근의 일이다. 특히 비즈니스모델과 관련된 특허출원은 인터넷 비즈니스가 정착될 무렵인 1996년 경부터 활발하게 이루어지기 시작했는데, 당시만 하더라도 선례가 드물었기 때문에 출원자들도 어떤 경우에 특허로 인정되는지 확실히 알 수 없었다.

　여기에 커다란 전환점을 제공한 것이, 1998년 7월의 'SSB(State Street Bank) 판결'이다. 이때부터 대금결제 등 금융업에 관한 비즈니스모델에 대해 점차적으로 특허가 인정되었던 것 같다.

　이미 미국에서는 '705클래스'라고 하여 비즈니스모델 특허 전용카테

아마존 vs 반스앤노블	온라인쇼핑 시 고객이 매번 정보를 입력하지 않아도 되게 하는 '1-Click' 기능에 대한 특허를 아마존이 취득. 특허 등록 후 1개월도 안 되어 라이벌인 반스앤노블을 제소하고, 소송 완결 시까지 그 기술의 사용 중지를 명하는 가처분결정이 내려짐.
프라이스 라인 vs 마이크로 소프트	마이크로소프트가 직접 운영하는 여행사이트인 엑스디피아(Expedia.com)가 프라이스라인에서 보유하고 있는 '역경매'에 관한 특허를 침해하고 있다고 1999년 10월 23일 고소됨. 유명한 두 회사 사이의 특허 분쟁이라는 점에서, 사태의 추이에 대한 인터넷 비즈니스 업계 전체의 이목이 집중되고 있음.
더블클릭 vs L90	더블클릭이 배너광고 발신에 관한 포괄적인 특허를 취득. 같은 종류의 서비스를 제공하고 있는 미디어랩(인터넷 광고 대행업체) L90을 특허침해로 제소. 신규상장(IPO)을 앞둔 L90은 대응방안을 모색하기 위해 고심하고 있는 것으로 알려짐. 적지 않은 수의 동종 업체에서 비상한 관심의 표적이 되고 있음.

고리까지 두고 있는데, 출원중인 비즈니스모델 특허가 1만 건에 달하고 있다.

　이런 움직임을 전향적으로 받아들여, 일본 특허청에서도 1999년 6월 '특허로 본 금융비즈니스'라는 제목의 보고서를 웹사이트를 통해 발표한 바 있다. 이 보고서는 서두에서 '최근의 컴퓨터 및 통신기술 발전과 인터넷 이용 인구의 급속한 확대 등에 힘입어, 이와 관련된 경제시스템(비즈니스모델)에 대한 특허출원이 등장하기 시작했으며, 이런 동향은 금융분야에서도 확대되고 있다'고 언급한 뒤, 일본 금융업계가 이 같은 세계적 흐름에 뒤쳐져 있는 만큼, 앞으로는 금융분야를 중심으로 비즈니스모델 특허를 인정해 갈 것이라는 내용으로 되어 있다.

또한 1999년 12월에는 특허청의 공식 견해로서 '비즈니스 관련 발명에 대한 심사 처리에 대해'라는 제목의 문서가 발표되었다. 문서에는 구체적으로 '비즈니스모델 특허'라는 용어가 없고 대신 '비즈니스 관련 발명'이라는 표현이 사용되고 있다. 그러나 '비즈니스 관련 발명은 소프트웨어 관련 발명의 한 형태로 파악할 수 있다'라고 서술하고 있는 것으로 보아, 사실상 비즈니스모델 특허 인정 방침을 발표한 것이라 판단해도 좋을 것 같다.

미국의 특허는 기본적으로 미국 주권이 영향을 미치는 지역범위에 한정된다. 그러나 일본 특허청도 똑같이 비즈니스모델 특허를 인정하는 방침으로 전환하게 되면, 일본 기업에게도 '프라이스라인 대 마이크로소프트' 분쟁은 이제 더 이상 강 건너 불 구경일 수 없게 될 것이다.

미국 특허가 몰려온다

특허는 국가가 발명자에 대해서 기술을 공개하는 대신, 일정 기간 독점적인 사용권을 부여하는 제도이다. 일상대화에서는 '특허를 취득한다'라는 표현이 사용되는 경우가 많지만, '특허를 (국가로부터) 받는다'고 말하는 것이 정확하다.

특허는 국가가 정한 제도인만큼, 당연히 국가나 지역에 따라 그 구조가 다르다. 특히 미국과 일본은 그 차이가 엄청나다. 일차적으로 양국간 특허제도의 차이를 정확하게 이해하고 있지 않으면 안 된다.

가장 큰 차이점은 일본은 선원주의(先願主義), 미국은 발명주의(發明主義)를 각기 채택하고 있다는 점일 것이다. 일본이 따르고 있는 선출원

주의에서는 누가 발명했는가를 문제삼지 않는다. 최초 출원자에게 특허가 주어진다. 반면에 미국의 경우는 발명한 시점이 우선시되는데, 누군가가 먼저 출원했어도 그 이전에 발명했다는 것을 증명할 수 있으면, 기등록된 특허까지도 번복될 수 있다.

일본에서는 특허출원 후 18개월 이내에 모든 내용이 공개되는 것에 비해 미국에서는 특허가 유효하게 되기까지 일체 내용이 공개되지 않는다. 그밖에 미국에서는 특허를 무형자산으로 대차대조표에 계상하는 것이 인정되는 등, 양국의 특허제도는 상당한 차이가 있다고 할 수 있다.

변리사 등의 전문가 의견으로는, 제도적 특성이나 지금까지의 특허출원 건수 면에서 볼 때, 비즈니스모델 특허를 취득하는 데 있어 미국보다는 일본쪽이 용이하다고 한다. 일본 기업들이 아무런 노력도 하지 않고 헛되이 시간을 보낸다면, 미국 기업이 현지법인을 통해 일본에서 적극적으로 특허출원에 나서는 것도 충분히 가능한 일이다.

비즈니스모델 특허도 원가요인

비즈니스모델이 권리로서 인정되기 시작한 것은 얼마 되지 않는다. 특히 일본에서는 판례가 없기 때문에, 현재로서는 실제로 독점권의 범위가 어디까지인지를 변리사는 물론 변호사도 자신 있게 판단하지 못하고 있는 실정이다.

그렇지만 국가가 독점권을 부여하는 '특허'의 위력은 한 마디로 절대적이다. 비즈니스모델 특허의 유효성에 의문이 있을지라도 일단 '특허'로 인정되면, 타인의 특허를 침해하지 않도록 주의를 기울이지 않을 수 없는 것이 현실이다.

비즈니스모델 특허가 미치는 직접적인 영향으로 다음과 같은 것을 생각할 수 있다. 만일 시스템엔지니어나 컨설턴트가 비즈니스모델 특허에

대한 이해가 부족하다면, 완벽하게 비즈니스모델을 제안할 수 없을 것이
고, 그들은 결국 도태되고 말 것이다. 한편 기업 입장에서 보면 조건에
맞는 전문가를 고용하기 위해 보다 많은 비용을 지불하지 않을 수 없게
된다.

이런 예측에 대해 발빠르게 대응하고 있는 기업도 있다.

1999년 7월 28일자 "비즈테크뉴스"(BizTech News)에 의하면, 소니는
4개 계열사에 각각 지적재산권 부문을 신설하였으며, 인력의 10%가 넘
는 30명을 '비즈니스모델 특허' 업무에 배치했다. 또한 인터넷을 통해 소
니가 출원한 비즈니스모델 특허의 내용을 공개하고 사원교육에도 주력하
고 있다고 한다.

비즈니스모델 특허가, 인터넷 비즈니스에 뛰어든 기업에게 단지 '방어
대상이 되는 원가요인'으로만 작용할 것인지 아니면 '로열티를 지속적으
로 창출하는 요술방망이'로 둔갑할 것인지는 섣불리 판단할 수 없다. 그
렇지만 기업의 운명을 좌우할 중요한 과제로 대두될 것임은 틀림없는 것
같다.

5

인터넷 비즈니스 성공 전략

1. 인터넷 비즈니스
실패 사례의 교훈

이용자 증가, 접속 감소

웹사이트를 기획, 제작, 운영하는 책임자를 웹마스터라고 부른다. 웹마스터들이 정보를 교환하는 메일링리스트 등의 커뮤니티가 많이 있는데, 그곳에서 최근 '접속건수가 영 늘지 않는다'라는 말을 자주 듣게 된다.

인터넷 이용자는 매년 크게 증가하는 추세를 보이고 있다. 1999년 한 해만 하더라도 50% 이상 증가했다. 따라서 이용자수가 증가하는 만큼, 특별한 노력을 하지 않아도 접속건수 역시 자연적으로 늘어날 것이라는 게 일반적인 추측일 것이다. 그러나 놀랍게도 접속건수는 이용자 수에 비례하여 증가하지 않고 있다. 더욱 안 좋은 것은 접속건수가 오히려 역으로 감소하고 있다는 점이다.

이런 현상이 나타나는 이유 가운데 한 가지는, 아마도 이용자가 증가하는 이상으로 경쟁 사이트가 늘어나고 있기 때문일 것이다.

다음과 같은 흥미로운 자료가 있다. "닛케이멀티미디어"지(日經マルチメディア)에서는 반년 주기로 웹사이트를 통해 설문조사를 실시하고 있는데, 그 조사 결과를 소개하고자 한다(조사기간은 1999년 5월 24일부터 6월 7일까지였다). 유효 응답수는 15,881개로 통계적인 의미를 부여할

수 있을 정도의 크기라고 생각된다. 전체 설문항목이 40개에 가까운 본격적인 조사였는데, 여기서는 이 책의 내용과 관계 있는 몇 가지 항목에 대해서만 언급하도록 하겠다.

이번 조사에서 눈에 띄는 것은 온라인 쇼핑 실태에 관한 부분이다. 우선 '인터넷에서의 쇼핑 경험이 있다'고 응답한 사람이 48.3%로 늘어났다. 이런 수치에서 보듯 인터넷 쇼핑이 확실히 정착되고 있는 것을 알 수 있다. 인터넷 비즈니스 관련 종사자에게는 희망적인 조사 결과라고 할 수 있다.

그렇지만 '온라인 쇼핑 경험이 없다'고 응답한 사람에게 '쇼핑을 하지 않은 이유'에 대해 물었을 때, 뜻밖에도 의외의 대답 한 가지가 비교적 많은 비율을 차지하는 것으로 나타났다.

즉, '구매하고 싶은 상품이 없기 때문'이라는 응답이 네 번째였던 것이다(8.5%).

문제는 이런 응답자의 비율이 전년도 조사 결과에 비해 거의 감소하지 않고 있다는 점이다. 1998년 한 해만을 놓고 보더라도, 일본 국내에서 운영되고 있는 가상상점은 문자 그대로 두 배 이상 증가하였다. 더구나 인터넷에서는 상점의 물리적 위치에 관계 없이 자유롭게 접근할 수 있기 때문에, 소비자 입장에서는 그만큼 선택폭이 넓어졌다고 할 수 있다. 그럼에도 불구하고 '구매할 만한 상품이 너무 적다'는 응답이 줄어들지 않는 까닭은 무엇일까?

필자는 바로 이런 물음에 대한 해답 속에, 현재 인터넷 비즈니스가 안고 있는 중요한 문제를 해결하는 열쇠가 감추어져 있다고 생각한다. 서둘러 해답을 말하자면, 접속건수가 증가하지 않는 것은 대부분의 이용자들에게 당신이 운영하고 있는 웹사이트의 존재 자체가 알려지지 않고 있기 때문이다.

인터넷 초보자에게 웹사이트의 존재를 알리는 것은 대단히 어려운 일이다. 서치엔진에 등록하는 것만으로는 별 효과가 없다. 앞으로 동일한 키워드에 의해 검색되는 사이트는 점점 더 그 수가 늘어날 것이고, 그 속에서 자신의 웹사이트를 찾아내어 접속하기를 바라는 것은 지나친 기대가 아닐 수 없다. 바야흐로 웹마스터의 능력이 더욱 요구되는 시대가 도래한 것인지도 모른다.

이용자 조사와 컨텐츠 업데이트

접속건수에 대한 경쟁이 최종적인 목표는 아니겠으나, 접속건수 자체가 적어서는 아무런 소용이 없다는 것만큼은 틀림없는 사실이다. 그런 이유에서인지 자칫 판단을 그르칠 가능성도 있다. '접속건수가 적은 것은 판매하고자 하는 상품 및 서비스의 시장성이 없기 때문'이라고 섣불리 짐작하여 사업을 조기에 철회하는 기업조차 있다. 하지만 이것은 지나치게 성급한 결정이라고 지적하지 않을 수 없다.

접속건수가 증가한 후에도 고객으로부터 반응이 신통치 않다면, 그때 확실히 상품성이 없는 것으로 판단해도 좋을 것이다. 웹사이트를 개설한 지 얼마 안 돼 접속건수가 적은 상태에서, 그것이 곧 상품성에 대한 반응이라고 결정짓는 것은 아무리 좋게 보아도 결코 합리적인 태도라고 할 수 없다.

접속건수가 적을 때의 가장 큰 문제점은, 이용자의 만족도를 측정하는 데 필요한 충분한 데이터를 수집할 수 없다는 점이다.

일반적으로 웹사이트 개설 직후 접속건수가 적은 것은, 전적으로 **PR**부족이 원인이다. 판매하고 있는 상품의 품질이나 웹페이지의 수준에 관계없이, 접속건수를 어느 정도 올리는 방법은 얼마든지 있다. 게다가 많은 비용이 들어가지 않는 경우도 적지 않다. 따라서 접속건수가 적다고 불평만 늘어놓기보다는 **PR**에 더욱 집중해야 할 것이다.

인터넷 비즈니스 관련 서적을 읽다보면, 재방문을 유도하기 위해 '정보를 자주 업데이트하지 않으면 안 된다'고 지적하고 있는 것을 많이 볼 수 있다. 이 말을 액면 그대로 받아들이면, '정보를 자주 업데이트함으로써, 단골 이용자를 확보할 수 있으며, 결국 접속건수도 증가한다'는 뜻이다.

그렇지만 무조건 정보를 업데이트한다고 능사는 아니다. 실제로 접속한 사람(이들은 잠재고객이 될 수 있는 대상이다)이 의견을 세시하지 않는다면, 과연 어떤 방향으로 컨텐츠를 업데이트해야 하는지를 알 수 없다. 매일 같이 새로운 정보로 업데이트한다고 하더라도, 그것을 보는 사람이 만족을 얻고 있는지, 그리고 그렇게 잦은 업데이트 자체를 원하고 있는지조차, 도대체 아무 것도 알 수 없는 것이다.

업데이트를 하는 데에는 이용자의 의견이 필요한데, 그런 의견을 수집하기 위해서는 역으로 최소한의 접속건수가 있어야 한다.

즉, '접속건수'의 증가를 위해서는 '정보의 갱신'이 필요하고, '정보의 갱신'을 위해서는 접속건수가 없으면 안 된다는 것이다.

무슨 말인고 하니 이용자의 의견을 듣는다는 것은 곧 이용자 조사를 뜻할텐데, 이용자 조사 없는 컨텐츠의 업데이트는 있을 수 없다는 것이다.

접속건수가 적고, 거래 자체가 전혀 발생하지 않는 웹사이트라면, 정보 갱신에 힘을 기울이기 전에 우선 **PR**에 의해 일시적으로나마 접속건수를 늘린 다음, 이용자 조사를 실시함으로써 웹사이트에 대한 만족도와 기대치를 측정하고, 그 결과에 기초하여 컨텐츠를 업데이트하는 것이 올바른 수순이라는 게 필자의 생각이다.

원래 컨텐츠 업데이트는 시작할 때 미처 준비하지 못했던 부분을 보충하는 것이 아니라, 잠재고객의 요구를 파악하고, 그것에 기초하여 새롭게 기획하고 제작하는 것이라는 이해가 필요하다. '공사중'이라는 팻말을 붙이고 일단 웹사이트를 오픈한 뒤, 조금씩 고쳐나가는 것을 가지고 '컨텐츠를 업데이트했다'고는 결코 말할 수 없는 것이다.

인기 있는 상점의 비결

인터넷, 특히 웹서비스에서의 약점은 접속 시 이용자가 누구인가를 판별할 수 없다는 점이다. 물론 ID와 패스워드를 입력하는 등의 접속절차를 거치게 하여 이용자를 알 수도 있지만, 일반적으로 웹서비스라고 하면 '공개'되어 있는 정보를 가리킨다. 즉, URL을 정확히 입력한 사람이라면 누구나 자유롭게 정보를 열람할 수 있는 것이 인터넷의 속성이다.

실제 세계에 존재하는 상점을 머리 속에 그려보기 바란다. 특별한 것이 아닌 보통의 상품을 취급하는 상점에서는, 누구나 자유롭게 출입할 수 있고, 또 아무 것도 사지 않고 그냥 나가 버리는 것이 다반사다. 이것은 인터넷 상에서 운영되는 가상상점이라고 해서 하등 다를 바가 없다.

또한 실제 상점의 경우 주인은 손님의 어림나이와 상점 안에서의 행동을 관찰함으로써, 많은 귀중한 정보를 입수할 수 있다. 즉, 고객 행동으로부터 상품에 대한 관심도와 만족도를 어느 정도 추측할 수 있는 것이다. 구매로 이어지지 않은 이유가, 원하는 물건이 없어서인지 아니면 가격이 맞지 않아서인지 등을 대체로 알 수 있다. 그런 정보에 의거하여, 상점주인은 취급품목을 늘리고, 상품의 진열·배치를 바꾸거나, 때로는 가격을 내리기도 한다. 일종의 '업데이트'인 셈이다.

조금만 주의 깊게 관찰하면 알 수 있을 것이다. 사람들의 입에 오르내리는 인기 상점은, 갈 때마다 어딘지 분위기가 달라져 있다. 그리고 고객의 목소리와 행동이 끊임없이 반영되기 때문에, 점점 더 번창해 간다. 반면 그렇고 그런 상점은 한달이 지나든 일년이 지나든 간에, 눈을 씻고 보아도 어느 한구석 달라진 곳 없이 그 모습 그대로다.

웹마스터의 역할

앞에서 설명한 논리에 따르자면, 인터넷판매 사이트의 성공을 위해 웹마스터가 해야 할 일은 바로 이용자의 모습이 드러나도록 만드는 것이라 할 수 있다. 그 구체적인 과정을 정리하면 다음과 같다.

판매 상품과 서비스가 있다면 먼저 사업기획 단계에서 표적집단을 설정한다. 예를 들어 '20대 후반부터 30대 초반의 남성으로 승용차를 소유하고 있으며, 레저활동에 관심 있는 사람들'을 대상으로 하여, 인터넷에서 특정 상품을 판매하는 사업을 구상했다고 가정해 보자.

기획단계에서 검토한 가설들이 반드시 들어맞기를 기대하기보다는, 오히려 빗나갈 가능성이 충분히 있다고 인정하는 편이 좋을 것이다. 가설을 세우고 그것의 진위 여부를 검증하는 일, 곧 마케팅 조사를 행한다.

우선 웹사이트에 접속한 사람 가운데, 예상한 표적집단이 어느 정도 포함되어 있는지를 파악하지 않으면 안 된다.

다음은 표적집단이 다른 이용자 집단과 비교하여, 자사 상품에 대해 얼마만큼 관심을 지니고 있는지를 측정해야 한다. 이 과정에서 표적집단의 접속건수를 증가시키기 위해 필요한 과제들을 도출해 낸다.

표적집단이 웹사이트를 방문하고, 그로부터 이용자의 만족도를 측정할 수 있게 되면, 비로소 웹사이트에 대한 반응을 올바로 평가할 수 있게 된다. 물론 처음부터 만족스러운 점수를 얻지 못할 것이다. 하지만 고객의 목소리에 귀기울이면서, 그것을 충실히 반영해 간다면 틀림없이 점차 높은 평가를 받게 될 것이다.

나아가 고객의 폭넓은 지지를 획득하고, 결과적으로 수익성 높은 웹사이트로 성장하게 된다. 지나치게 단순화하여 설명한 감도 없지 않지만, 이상의 내용은 곧바로 웹사이트의 발전 과정에 다름 아니다.

2. 인터넷 비즈니스시대의 정보 전략

경영혁신과 고수익 실현

몇 년 전부터 일본에서는 대기업들이 줄지어 도산하거나 폐업하고 있다. 장기간 계속된 불경기 탓으로 볼 수도 있겠지만, 백년 가까운 역사를 가진 기업이 불과 수년 간의 불황으로 하루 아침에 무너져 버리는 이유를, '금융정책의 실패' 또는 '은행의 신용경색' 등의 외부요인에서만 찾는 것은 아무래도 무리인 것 같다.

그보다는 '우량기업'과 '부실기업'의 격차가 눈에 보이지 않게 확대되어, 아무리 명성이 높더라도 실력 없는 기업은 도태될 수밖에 없게 된 것이니 당연히 파산해야 할 것이 파산했다고 보는 것이 타당할 것이다.

물론 모든 기업은 한결같이 우량기업이 되기 위해 최선의 노력을 다한다. 하지만 앞서 지적한 것처럼 소기의 경영성과를 거두고 있는 기업과 그렇지 못한 기업 사이의 격차는 점점 더 크게 확대되어 가고 있는 것이 현실이다. 그런데 이런 격차는 도대체 무엇으로부터 발생하는 것일까?

ERP 연구추진포럼에서 실시한 설문조사에 의하면, 일선 경영자들이 가장 시급한 것으로 인식하고 있는 '기업의 과제'는 '업무효율화', 'BPR (Business Process Reengineering) 실현', '경영지표 관련 정보의 신속한 입수', '기업경쟁력 강화' 그리고 '국제화 대응' 순으로 나타났다. 특히 1위를 기록한 '업무효율화'는 거의 100%에 가까운 기업들에서 '현안과제로 인식하고 있다'고 응답했다.

BPR은 일본에서도 이미 수년 전부터 주목되고 있는 개념으로, '비용, 품질, 서비스 및 스피드 등의 중요한 성과기준을 획기적으로 개선하기 위해, 업무 과정(business process)을 근본적으로 재검토하여 새롭게 디자인하는 것(『리엔지니어링혁명』, 일본경제신문사)'이라 정의되고 있다.

BPR의 목적은 업무 과정 효율화에 의해 기업경쟁력을 강화하고, 작은 규모의 조직으로 고수익을 실현하도록 기업을 변혁시켜 가는 것, 즉 우량 기업으로 탈바꿈시키는 것이다. 덧붙이자면 현재 기업이 안고 있는 과제를 한 마디로 표현한 키워드가 곧 BPR인 것이다.

BPR, ERP 실현의 핵심요소 : '사람과 전략'

BPR의 선진국이라 할 수 있는 미국에서는 '정보화'에 의해 BPR을 실현하는 기업이 속출하고 있다. 한때 일본에게 '넘버원'의 자리를 빼앗기고 쇠퇴일로를 걷게 될 것으로 우려되었던 미국 경제가 빠르게 회복된 것은, 일찍부터 인트라넷 등의 정보화를 추진했던 것과 무관하지 않다.

'정보화'라고 하면 여러 가지 형태가 있지만, 데이터베이스를 구축하고, 네트워크 상에서 정보를 공유하는 인트라넷 등은 정보화의 전형적인 예라고 할 수 있다.

일본도 정보화에 필요한 기술을 갖추고 있다. 따라서 일본 기업들도 조속히 정보시스템을 도입해서 BPR을 실현하면 좋지 않을까 생각하는 사람도 있을지 모르겠다.

BPR을 지원하는 소프트웨어로서 ERP(Enterprise Resource Planning)라 불리우는 일종의 '통합 업무 소프트웨어 패키지'가 있다. 그런데 ERP

를 단순한 소프트웨어 패키지로 인식하고, ERP를 도입하면 곧 BPR이 되는 것으로 잘못 이해하고 있는 사람들도 적지 않다. ERP에 대해서는 나중에 구체적으로 다루겠지만, 기본적으로 ERP는 기업의 핵심업무를 변혁시키기 위한 정보기술로서 파악하지 않으면 안 된다.

ERP는 BPR의 실현을 위한 효과적인 수단임에 틀림없다. 그렇지만 어디까지나 그것은 시스템에 지나지 않는다는 점을 잊어서는 안 될 것이다. 정작 중요한 것은 그것을 이용하는 '사람'과, 사람을 움직이게 하는 '전략'이다.

현재 업무 과정을 효율화함으로써 인력을 감축하는 등, 표면적으로는 BPR의 도입 효과를 거두고 있는 기업도 있다. 반면에 업무 과정의 효율화에만 지나치게 신경쓴 나머지, 회사기밀이 사외로 유출되거나 지적생산성이 크게 저하되는 등 부정적인 측면이 드러나는 기업 또한 적지 않다. 즉, 지금까지 '사람'과 그 사람이 가진 '경험과 직감'에 의존해 왔던 경영체질은 변화시키지 않고 그대로 놔둔 채, 아무런 준비 없이 정보화와 BPR을 무리하게 추진하다 보면, 사람이 떠난 자리에 시스템만 덩그러니 남아 있게 되는 비참한 결과를 초래할지도 모르는 것이다. 이 같은 사태를 피하기 위해서라도, 명확한 '전략'의 수립이 매우 중요하다.

요컨대 BPR 실현에 있어서는 정보화가 필수불가결한 동시에, 전략적 사고와 시각도 함께 요구된다. 결국 사이버 시대의 기업전략은 경영전략까지를 포함하는 정보전략이 되지 않으면 안 되는 것이다. 다시 말해서 올바른 정보전략을 수립하고 지속적으로 실천해온 기업만이, 21세기 우량기업으로 살아남을 수 있는 자격을 갖추고 있는 것이다.

정보처리에서 정보활용으로

기업의 정보전략을 논하기에 앞서 정보화에 대한 이해가 선행되지 않으면 안 된다.

지금까지 정보화라고 하면 정보처리 중심의 정보화로서, 인간이 수행하는 대량의 단순작업을 '컴퓨터'가 대신하는 '기계화'를 의미했다. 그러나 그런 정보화는 한계에 도달했으며, 다음 단계로서 컴퓨터에 축적된 데이터, 즉 데이터베이스와 네트워크를 어떻게 활용할 것인가에 초점을 맞추는 방향으로 발전되었다.

구체적으로는 데이터베이스를 활용하는 것과 관련하여 데이터 마이닝(Data Mining)과 데이터 웨어하우스(Data Warehouse)라고 불리우는 새로운 데이터 분석기법이 주목받고 있다. 네트워크 분야에 있어서는 기업내 및 기업간 네트워크에 인터넷 기술을 접목한 인트라넷(intranet)과 엑스트라넷(extranet)이 광범위하게 도입되고 있다.

그런데 이러한 정보기술을 도입하는 것, 또는 정보시스템을 구축하는 것이 곧 '정보화'라고 단정하는 것은 정말 곤란하다. 정보기술은 단지 비즈니스 솔루션의 도구일 뿐이다. 기업의 요구를 어떤 기술로써 대응해 갈 것인가, 그리고 기술 진전에 따라 어떤 새로운 비즈니스와 서비스를 창출해 나갈 것인가 하는 두 가지 관점을 견지하는 것이 무엇보다 중요하다.

기업의 컴퓨터시스템은 업무(業務) 시스템과 정보(情報) 시스템으로 구분할 수 있다. 업무 시스템은 종전에 처리하던 업무를 그대로 컴퓨터에 옮겨놓는 것인만큼 도입이 용이한 편이지만, 정보 시스템에 있어서는 시스템 설계가 어렵다는 말을 흔히 듣게 된다. 이것은 전략에 기초한 비즈니스모델이 정확하게 설정되어 있지 않은 데 기인하는 경우가 많다. 정보시스템 도입 시에는 시스템 판매업체의 컨설턴트에게 실태를 남김 없이 정확히 전달하는 등, 원활한 커뮤니케이션 체제를 구축하는 것에서부터 시작하는 것이 일반적이다.

차별화 전략

표현이 다소 어색할지 모르지만, 기업의 전략에는 '차별화되지 않기 위한 전략'과 '차별화하기 위한 전략'이 있다. 전자는 동종업계의 라이벌 기업에 뒤쳐지지 않기 위한 전략이다. 컴퓨터로 단순한 데이터를 처리하거나 서버에 축적된 정보를 사내에서 공유하는 것, 즉 종전까지의 '정보화'가 바로 '차별화되지 않기 위한 전략'의 범주에 속한다.

앞으로는 '차별화를 위한 전략'에 눈을 돌려야 한다. 이를 위해서는 데이터베이스에 축적되어 있는 정보를 고도로 활용하는 체제를 구축할 필요가 있다. 하지만 기존의 기업문화를 변화시키지 않고 그대로 방치할 경우, 그다지 중요하지 않은 데이터를 공유하는 것이 고작이고, 새로운 아이디어와 노하우를 창출하는 것은 좀처럼 기대하기 어렵다.

그러면 데이터베이스 활용의 고도화를 통해 '차별화 전략'을 수립하고 실천하기 위해서는 어떻게 해야 할 것인가? 먼저 데이터베이스에 저장되는 정보 그 자체를 고도화하지 않으면 안 된다. 그러나 지금까지는 유감스럽게도 개개인의 경험과 지식에 대해서는 문서화하는 경우가 많지 않았고, 또 문서화되었다고 하더라도 그것을 데이터베이스화하는 데에는 막대한 비용이 소요되었던 것이 사실이다. 모르긴 몰라도 기업에서 필요로 하는 지식, 정보 가운데, 데이터베이스로 구축되어 있는 것은 불과 몇 %에 지나지 않을 것이다. 대부분의 지식은 직원 한 사람 한 사람의 두뇌 속에 그냥 보관되어 있을 뿐이다. 이런 상태에서는 아무리 IT가 발전하더라도, 사람의 머리 속까지 검색할 수는 없는 형편이므로, 기업에서 보유하고 있는 정보를 회사 전체가 공유하여 유효적절하게 이용한다는 것은 요원한 일이다.

아울러 기존의 기업문화를 혁신하는 것이 무엇보다 중요하다. 자신이 보유하고 있는 지식을 적극적으로 문서화하여 데이터베이스화하는 한편,

다른 사람의 지식을 데이터베이스에서 검색하여 자신의 것으로 소화해 내는 것, 그리고 그것으로부터 새로운 아이디어를 만들어 내고 지식을 한 수준 높게 끌어올리는 것이 필요하다. 이것은 직원 개개인의 능력이라기보다는 기업문화와 직결되어 있는 문제다. 이 같은 기업문화가 형성되지 않는다면, 아무리 풍부한 정보와 지식이 공유되고 있다 하더라도, 그것이 효율적으로 비즈니스에 활용된다고 보기는 어렵다.

결론적으로 말해 종전의 '정보처리'형으로부터 '정보활용'형으로 탈바꿈하기 위해서는, 최신의 정보기술을 도입하는 것 이상으로 직원 개개인이 '적극적으로 정보활용의 고도화를 추구해 간다'는 기업문화를 정착하는 일이 대단히 중요한 것이다.

정보화 시대의 3대 경영과제

이제부터는 정보화 시대의 경영과제에 대하여 생각해 보고자 한다. 첨단의 정보전략을 실천해야 하는 기업이 21세기의 승부에서 살아남기 위한 과제는 다음과 같이 세 가지로 요약할 수 있다.

1) 지식의 확충 및 활용

경쟁이 가열되고 기업 체질의 혁신이 시급한 지금이야말로, 직원 하나하나의 지식과 경험, 그리고 능력이 절대적으로 요구되고 있다. 이미 언급한 것처럼 회사 내에 산재하고 있는 지식과 능력을 집약하여 데이터베이스화하고, 그것을 효과적으로 활용하는 체제 만들기가 무엇보다 중요하다. 개인과 조직이 보유하고 있는, 가치 있는 지식(Knowledge : 지혜, 지식, 노하우 등)의 결집, 문서화, 축적, 공유 및 재이용으로 이어지는 '지식사이클'을 운용하는 것을 '지적자산관리 또는 지식경영(Knowledge Management)'이라고 부르는데, 최근 새로운 경영기업으로서 주목을 받고 있다.

　지식경영은 미국에서 만들어진 비교적 새로운 용어다. Knowledge는 원래 '지식, 숙지' 등의 의미를 지니고 있으며, 일본에서는 '지적자산관리' 등으로 번역되고 있는데 조금은 적절치 못한 느낌이 없지 않다. 왜냐하면 '지적자산'이라는 말을 듣는 경우, 흔히 '특허'나 '발명' 등에 관한 권리가 연상되기 때문이다. 따라서 이 책에서는 '지식경영'으로 표기하든지, 'KM'으로 사용하고자 한다.

　지식경영의 목표로는 직원의 능력 향상뿐만 아니라, 상품 개발력의 강화, 고객서비스 개선 등을 들 수 있다. 요컨대 지식경영은 축적된 지식을 새로운 경영자원으로서 유효적절하게 활용함으로써 경쟁우위를 확보하기 위한 경영전략이라고 할 수 있다.

2) 고객가치의 실현

　정보기술의 발전은 기업전략 뿐만 아니라 소비자의 행동까지도 변화시킨다. 그리고 소비자가 보다 많은 정보를 입수하게 된 결과, 다양한 방식으로 마케팅 및 기업의 경영방식에 커다란 영향을 미치게 되었다. 특히 인터넷에서는 동시에 다수의 웹사이트로부터 가격이나 판매 조건에 관한 정보를 손쉽게 비교할 수 있기 때문에, 고객의 눈은 점점 높아져만 가고 있다.

　아직 일반적이라고 말할 수는 없지만, 고객을 '전략적 소비자'로 묘사하는 용어까지 등장하고 있는 실정이다.

　개별고객의 기호와 요구에 대응하는 정보를 보다 많이, 그리고 보다 빠르게 제공하는 것이 고객관계를 개선하는 관건이 된다. 물론 이것이 '일대일 마케팅'의 기본이 되지만, 막상 실현하기 위해서는 고객 데이터베이스를 비롯한 고도의 정보기술과 인터넷 기술의 융합이 필수적으로 따라야 하는 등 간단한 것만은 아니다.

3) 경쟁환경에서의 신속한 대응

지금까지 기업간 경쟁은 '비용과 품질'을 중심으로 전개되었지만, 앞으로는 스피드, 즉 속도 경쟁의 성격이 더욱 강화될 것으로 예상된다. 매일매일의 시장 변화를 신속하게 파악하고 경쟁 환경에 민감하게 대응하기 위해서는, 의사결정에서부터 구체적인 행동을 취하기까지의 시간을 최대한 단축시키지 않으면 안 된다.

속도 향상의 문제와 관련하여 빼놓을 수 없는 것이 인터넷, 인트라넷을 비롯한 정보기술이다. 특히 세계를 무대로 글로벌 사업을 전개하는 데에는, 전세계와 실시간으로 소통할 수 있는 인터넷 기술의 활용 없이 경영전략은 성립할 수 없다.

이상에서 살펴본 세 가지의 경영과제에 대해 솔루션을 제공하는 것이 바로 KM과 EC다.

정보전략의 두 기둥, EC와 KM

정보화시대 기업의 세 가지 경영과제 즉, '지적자산의 확충과 활용', '고객가치의 실현', 그리고 '경쟁환경에 대한 신속한 대응'을 해결하기 위한 방안은 과연 어떤 것일까?

역시 정보화 선진국인 미국의 경우를 살펴보는 일이 도움될 것이다. 현재 미국 기업들에서 이루어지고 있는 정보화 투자는 크게 두 가지 측면에 중점을 두고 있는데, 전자상거래와 지식경영이 그것이다.

전자상거래라는 용어는 이제 완전히 정착한 것으로 보인다. 폭넓은 분야에 걸쳐 사용되고 있지만, 'EC＝온라인쇼핑' 또는 'EC＝EDI(전자문서교환)'과 같이 좁은 의미로 쓰이는 경우도 적지 않다.

이 책에서는 '전자상거래 = 인터넷 등의 네트워크 기술을 활용하여 새로운 시장을 창조하는 비즈니스'로서 보다 광범위한 뜻으로 사용하고자 한다.

전자상거래와 관련하여 반드시 이해해야 할 것은, 기업이 새로운 경쟁환경에 보다 효과적으로 대응하기 위한 수단이 곧 전자상거래의 본질이라는 점이다. 즉, 기업이 전자상거래 분야에 진출하는 것은, 새로운 판로가 하나 더 추가된다는 의미 말고도, 시장 변화에 대응할 수 있는 체질로 변화한다는 것을 뜻하게 되는 것이다.

앞서 '고객 가치의 실현'을 설명하는 부분에서 '일대일 마케팅'에 대해 잠시 언급한 바 있다. 예를 들어 웹서비스와 이메일 및 데이터베이스를 연동시켜, 고객 요구에 대응하는 시스템 구축을 고려하는 경우를 생각해보자. 이렇듯 먼저 요구와 전략이 있고 나서 비로소 요구를 충족하고 전략을 실천하는 솔루션으로서 전자상거래의 도입이 결정된다.

미국에서 지식경영이 주목되고 있는 배경에는, BPR을 실현하는 과정에서 업무 과정의 효율화, 즉 규칙적인 업무의 표준화에만 너무 주력한 나머지 기업으로부터 노하우와 지식이 점차 유실되는 결과를 초래했다는 반성이 있었다.

BPR을 실현한 기업이 업무효율화에 의해 인력 감축에 성공을 거둔 것만큼은 틀림없는 사실이다. 그런데 업무 과정을 표준화할 수는 있었는지 모르지만, 노하우의 보존과 데이터베이스화에는 소홀히 했기 때문에, 지적자산이 모두 유실되는 우를 범하게 된 것이다.

BPR자체에 결함이 있었던 것은 아니다. 그보다는 지식의 문서화, 집적, 및 활용 등의 필요성을 미처 깨닫지 못했던 경영자 탓으로 돌리는 것이 타당할 것이다. 이처럼 BPR 실현이 완벽하게 이루어지지 않았던 까

닭에 새로운 경영기법에 요구가 높아졌고, 그 대안으로 등장하여 빠르게
주목받고 있는 것이 바로 '지식경영'이다.

지식경영을 정확히 이해하기 위해서는 다음과 같은 내용을 유의할 필
요가 있다.

즉, 지식경영은 특정 정보기술이나 소프트웨어를 지칭하는 것이 아니
라 경영기법이라는 사실이다. 인적자원과 정보기술의 융합에 의해 커다
란 성과가 기대되지만, 쉽게 성과를 거둘 수 있는 것은 아니다. 소기의
목적을 달성하려면, '변혁을 추진하는 강력한 지도력', '수익이 보장되는
투자', 그리고 '현실적이고 체계적인 접근' 등이 요구된다.

최근에 와서 눈길을 끌고 있는 'SCM(Supply Chain Management)'도
지식경영과 많은 공통점을 지니고 있다. SCM은 지식경영과 전자상거래
에 의해 실현되는 것이라 단언하는 컨설턴트도 있을 정도다.

사이버 시대에는 지식경영 없는 정보전략은 있을 수 없다고 말해도 좋
을 만큼 중요한 테마임에 틀림없다.

3. 아이디어보다 추진력이 중요

용맹한 지휘관과 엘리트 참모

인터넷 비즈니스 세계에는 몇몇 대립구도가 존재한다. 앞장에서 잠시 언급했던 것처럼, 소비자에게 직접 판매하려는 메이커와 소비자의 요구를 파악하여 다수의 메이커로부터 제품을 공급하는 인터넷 유통업체의 시장 쟁탈전이 그 한 예다.

이러한 대립구도를 보여주는 또 하나의 예로, 업계에서 줄곧 한 우물만 파온 상인과, 실제로 물건을 팔아본 적이 없는 그러나 인터넷 비즈니스의 이론에는 밝고 또 MBA를 취득한 젊은이 사이에 벌어진 경쟁을 소개하고자 한다.

미국에서는 MBA를 취득하고 나서 곧바로 인터넷 비즈니스를 창업하는 것이 일종의 유행처럼 번지고 있다. 포도주업계와 아무런 관계도 없는 약관 20세의 젊은이가, 인터넷에서 포도주를 판매하는 사업을 시작했는데, 이것이 큰 성공을 거두었다. 취재기자와의 인터뷰에서 그는 "포도주에는 흥미가 없습니다. 단지 포도주의 인터넷 판매가 성공할 것이라는 확신이 있었을 뿐입니다"라고 대수롭지 않게 대답했다. 비유적으로 말하면 실전에서의 전투경험이 없음에도 불구하고, 훌륭하게 작전 계획을 수립하여 작전 명령을 만들어내는 '엘리트 참모'와 같은 사람이라고 할 수 있을 것 같다.

반면에 '포도주 인생 20년, 포도주에 관한 한 누구에게도 지지 않습니다'라고 말하는 포도주 전문점 사장이 있다면, 언제나 전선을 옮겨 다니며 실전에 능통한 '용맹한 지휘관'쯤 될 것이다. 포도주 장사에 있어서는 이골이 난 그로서는, 갑자기 나타난 젊은이가 네트워크 판매에서 성공하고 있는 것을 지켜보는 것이 그다지 유쾌한 일은 아닐 것이다.

지금 미국에서는 엘리트 참모가 활약하는 것을 목격한 경험 많은 용장들이 일대 반격을 시도하고 있는 중이다. 필자는 앞으로 어떻게 될 것인가 흥미롭게 관망하고 있는 구경꾼에 지나지 않지만, 엘리트 참모들이 참여하는 비즈니스가 크게 늘어날 것이라는 게 개인적인 생각이다.

요컨대 미국에서는 아이디어를 실현한 인터넷 비즈니스가 많다는 것이다. 대조적으로 일본에서는 기존의 사업형태를 인터넷 위에 옮겨놓는 것으로부터 출발하는 경우가 압도적으로 많다. 일본이 실적과 경험에 기초한 사업계획을 중시하는 것에 비해, 미국은 아이디어, 조금 거칠게 표현해서 순간적으로 번뜩이는 생각을 행동으로 옮기는 사례가 비교적 많다고 할 수 있을 것이다.

그렇디면 미국에서 인터넷 비즈니스가 순조롭게 확대되고 있는 것이 아이디어 창출 능력이 탁월한 데 기인하는 것일까? 아니 그보다는 단순히 '추진력'의 차이라고 생각한다. 여기서 필자의 체험담 한 가지를 소개할까 한다.

아디디어 사업의 사례

인터넷 비즈니스에서 '무엇을 할 것인가?'가 가장 중요한 문제라고 생각하는 경향이 있지만, 필자는 동의하지 않는다. '무엇을' 하는가는 그다지 중요하지 않다. 그보다는 '어떻게 할 것인가'의 문제가 정말로 중요한 것이다.

필자는 항상 '아이디어 자체가 가치 있는 것은 아니다'라고 말하고 있다. 인터넷 비즈니스에 대한 아이디어는 무수히 많다. '생각할 필요조차 없다'고까지 말할 수는 없지만, 굳이 생각하지 않더라도 인터넷을 사용하다보면 저절로 얼마든지 아이디어가 생기게 마련이다.

그리 오래되지 않은 1997년 2월의 일이다. 필자는 개인들을 위해 인터넷 비즈니스 관련 단행본을 출판한 적이 있었다. 그 책에서 개인적으로 시도할 만한 인터넷 비즈니스 아이템을 몇 가지 소개했다. 그 중 한 가지를 여기서 다시 소개한다(단행본의 집필시기는 1996년 말경이다).

지폐번호 추적하기

자신이 보낸 연하장 번호를 일일이 적어놓은 사람은 많을지 모르지만, 지갑에 들어 있는 지폐의 번호를 적어두는 사람은 흔치 않을 것이다. 적어도 필자는 한 번도 그런 사람을 본 일이 없다.

벌써 반년 전쯤으로, 무심코 주머니 안의 지폐를 세고 있을 때였다. 우연히 지폐 한 장에 무엇인가 연필로 적혀 있는 것이 눈에 띄었다. 한눈에 보아도 젊은 여성 특유의 필체라는 것을 알 수 있었는데, '부디 XX님이 받아보시기를'이라고 쓰여져 있었다. 궁금하기도 하고 왠지 모르게 신경이 쓰여서, 'XX님'이 혹시 유명인은 아닐까 하는 생각에 여기저기 물어보았지만, 아무도 아는 사람이 없었다. 결국 어떤 여성이 짝사랑하는 남성에게 자신의 마음이 전해지기를 기원하며 썼을 것이라고 결론지을 수밖에 없었다.

돈이란 돌고 도는 것이라는 말을 흔히 듣게 된다. 지금 내 지갑에 있는 지폐도 누구의 손에 들어갈지 아무도 모른다.

필자는 얼마 전 TV에서 방영되었던 재미있는 실험 하나를 생생하게 기억하고 있다. 그 내용은 다음과 같다. 먼저 큐슈(九州)와 홋카이도(北海道)에서 각기 한 사람씩을 길거리에서 무작위로 골라잡았다. 물론 두 사람은 전혀 만난 적도 없고 아무런 관계가 없는 남남이다. 그 다음부터 흥미진진한 드라마가 펼쳐진다. 최초로 선발된 사람이 자신의 친구를 소개하고, 다시 그 친구가 또 새로운 친구를 소개하는 과정이 계속 이어졌다. 소개 과정이 열 몇 번째인가 되었을 때, 처음 소개한 사람들이 전혀 알지 못하는 두 사람이 서로 연결되는 장면이 연출되었다.

수학적으로 계산해 보면, 그리 놀랄 일도 아니다. 예를 들어 어떤 사람에게 100명의 친구가 있다고 가정해 보자. 100명의 친구들에게도 각기 100명의 친구가 있을 것이고, 이것을 몇 단계 걸치게 되면 숫자상으로 친구의 범위에 해당하는 사람이 순식간에 1억2천만 명을 돌파하게 된다.

지폐의 경우도 친구관계처럼 재미있는 연결고리를 만들어 낼 수 있을지 모른다.

실없는 말처럼 들리겠지만, 각자 사용하거나 환전할 때 썼던 지폐의 번호와 어디서 썼고 받았는지를 서버에 등록해 두면, 그 지폐의 이동경로를 전국적인 범위로 추적할 수 있을 것이다.

그러면 어떻게 될까? 이런 일도 가능할 것이다. 즉, 오늘 라면집에서 잔돈으로 받은 1000엔 짜리 지폐가, 한달 전 300Km 떨어진 슈퍼에서 사용했던 것임을 금방 알아볼 수 있다. 정말 재미있는 장면이 아닌가.

지금 다시 읽어보니 다소 엉뚱한 아이디어인 것 같다. 그 단행본에서는 20개 정도의 사업아이디어를 소개했는데, 솔직히 고백하면 집필 당시 원고마감 시간에 쫓긴 탓도 있었고, 어쨌든 모두가 즉흥적인 발상에서 나온 것이었다.

그런데 필자의 아이디어와 거의 똑같은 내용을 실행에 옮긴 웹사이트

가 미국에서 등장했다. '조지를 찾아라(http://www.wheresgeorge.com)'
라는 이름의 사이트가 그것이다. 짐작하듯이 조지는 1달러 지폐에 그려
져 있는 조지 워싱턴 대통령을 말한다.

1998년 말 쯤에 개설된 이 웹사이트는, 일년 만에 12만 명의 회원을
모집했으며, 등록된 지폐만도 150만 장을 돌파하였다. 또한 "와이어드뉴
스"지(Wired News)에 소개되는 등 인기 있는 웹사이트로 급성장했다.

그 정도의 회원 수와 인기라면 안정된 광고료 수입을 충분히 기대할 수
있다. 실제로도 배너광고에 의한 상당한 수입이 있었을 것으로 짐작된다.

'조지를 찾아라'를 만든 사람은 34세의 데이터베이스 프로그래머로,
펜실베니아대학에서 MBA를 취득한 것으로 알려져 있다.

필자는 그보다 앞서 2년 전에 비슷한 아이디어를 책에서 소개했지만,
굳이 그것을 강조하고 싶은 생각은 추호도 없다. 앞서 언급한 것처럼 아
이디어를 실행에 옮기지 않으면 아무런 소용이 없기 때문이다. 커뮤니티
사이트를 만들고 아이디어를 실제 사업으로 실현한 그의 추진력이 바로
실력인 것이다. 그는 인터뷰에서 이렇게 말하고 있다. "이런 사이트를 만
들면 재미있겠다고 생각한 것뿐입니다." 이처럼 당사자가 처음부터 비즈
니스를 생각하지 않았지만, 취미 삼아 가볍게 시작한 것이 사업으로 크게
성공하는 사례가 있는 것이다.

스쳐 지나가는 하찮은 '발상'이라도 행동으로 연결되기만 하면, 얼마든
지 훌륭한 수입원으로 발전할 수 있으며, 결코 헛된 꿈은 아니다.

아이디어가 아무리 좋아도, 실현되지 않는다면 그냥 좋은 아이디어일
뿐이다.

아이디어를 구체화하려면: 웹사이트 평가

그러면 필자가 정보수집을 목적으로 정기적으로 행하고 있는 웹사이트

평가 방법을 간단하게 설명하고자 한다. 특별히 어려운 테크닉을 구사하지는 않는다. 단지 조금은 끈기가 필요한 작업이다. 앞에서 잠시 언급한 것처럼 인터넷 상에 존재하는 정보원은 그야말로 무궁무진할 뿐만 아니라, 매일같이 양적 팽창을 거듭하고 있다. 따라서 항상 최신 정보를 입수하려 하는 것은 당연한 일이며, 또 그것을 위한 노력을 게을리해서는 안된다. 물론 '요구'가 있는 곳에 비즈니스가 있다는 명제는 인터넷에서도 역시 예외가 아니다.

그래서 최신정보를 대신 검색해 주고, 그 결과를 정기적으로 제공하는 서비스도 있지만, 비용 문제도 있고 이왕이면 앞으로 수행할 비즈니스와 관련하여 사전에 시장조사를 한다는 차원에서, 스스로 약간의 노력을 기울이는 것이 바람직하다. 방법을 알아두면 의외로 간단하고 또 재미있기도 하다.

웹사이트 평가를 시작하기 전에 먼저 해야 할 일은 URL 목록을 입수하는 것이다. 여기서 서치엔진의 위력이 발휘된다. 서치엔진들은 각기 특성이 있고 저마다 장점을 지니고 있기 때문에, 일정 기간 시험해보고 나서 자신과 가장 잘 맞는 서치엔진을 찾아 익숙하게 사용할 수 있도록 해야 한다. 서치엔진의 활용능력에 따라 정보 수집력도 크게 차이가 난다.

어떤 서치엔진을 사용하는 것이 좋은가 하는 것은 개개인의 기호와 성격에 달려 있기 때문에, 특별히 어떤 것을 추천하지는 않겠다. 다만 여기서는 야후를 예로 들어 설명을 계속하게 될 것이다.

야후의 경우 키워드에 의한 검색도 가능하지만, 이미 인덱스로서 트리형의 디렉토리가 분류되어 있어, 점점 범위를 좁혀 가면 자연적으로 원하는 정보에 도달할 수 있다. 검색결과의 정확성을 높이려면 연관 있는 키워드를 사용해서 관련 있는 사이트를 찾는 것이 좋다.

검색결과는 북마크형식으로 브라우저에 표시되므로, 이것을 일단 하드디스크에 저장한다. 이때 그 자리에서 여러 사이트들을 돌아다니면서 원하는 정보를 찾을 수도 있지만, 링크 관계가 복잡해지고 어떤 사이트에서 링크한 것인지를 잊어버리는 경우가 많아, 검색작업의 효율이 떨어진다. 따라서 이 단계에서는 일단 북마크를 모으는 것에 주력해야 한다. 이런 작업을 반복하여 어느 정도 검색결과가 모아지면, 인터넷 접속을 종료하고 오프라인 상태에서 하드디스크에 저장되어 있는 파일을 편집한다.

파일 안에서 평가하려는 웹사이트의 URL 부분만을 남겨두고, 필요에 따라 HTML 형식으로 편집한다. 나중에 이 파일을 브라우저에서 읽어들인 후, 하나하나 차례대로 링크를 클릭하면 검색결과로 나타난 웹사이트에 접속할 수 있다. 파일에 적당한 이름을 붙여 다시 하드디스크에 저장한다.

웹사이트 평가의 목적은 관심 있는 분야에서, 어떤 회사가, 어떤 홈페이지를 구축하여, 어떻게 비즈니스를 수행하고 있는지를 조사하기 위한 것이다. 따라서 결코 가볍지 않은 중요한 일이고, 적당한 긴장감을 가지고 임하지 않으면 아무런 의미가 없다.

평가대상을 선정한 후 준비해야 할 것은 다음과 같은 '웹사이트 평가표'다. 서식은 반드시 똑같을 필요가 없고 어떤 것이라도 상관 없다. 평가할 때마다 평가표에 기입하여 보관해 두는 것이 바람직하다. 평가내용은 적어도 다음과 같은 항목들을 포함하는 것이 좋다.

웹사이트 평가항목은 하나의 예로서 제시한 것이고, 중요한 점은 홈페이지에 접속한 후 짧은 시간 내에 항목을 체크해야 한다는 것이다. 사이트 당 20분 정도가 적당하다. 20분이라고 해도 그리 짧은 시간은 아니다. 왜냐하면 1시간에 3개 사이트밖에 평가하지 못하고, 15개의 사이트를 조사하려면 5시간이나 걸리기 때문이다.

웹사이트의 특징을 200자 정도로 정리하는 것은, 처음에는 무척 힘들

■ 웹사이트 특징을 정리하기 위한 점검표

사이트명	
URL	http://www

취급상품 및 서비스	□ 컴퓨터(하드웨어)	□ 꽃
	□ 컴퓨터(소프트웨어)	□ 미술 · 공예품
	□ 전자제품	□ 선물 · 카드
	□ 서적 · 잡지	□ 완구
	□ 식료품	□ CD · 비디오
	□ 주류 · 음료	□ 사무용품 · 문구류
	□ 의류	□ 자동차관련 제품
	□ 신발 · 가방	□ 건강관련 제품
	□ 시계 · 카메라 · 보석장신구	□ 성인용
	□ 스포츠 · 레저용품	□ 부동산
	□ 가구 · 인테리어	□ 예약관련 서비스
	□ 화장품 · 위생용품	
	□ 기타 (	)

주문방법	□ 이메일(입력 폼)	□ TEL　　　□ 우편
	□ 이메일(입력 폼 없음)	□ FAX
	□ 기타 (	)

결제방법	□ 디지털 화폐	□ 계좌이체
	□ 신용카드(시큐리티 보장)	□ 우편환
	□ 신용카드(시큐리티 보장되지 않음)	□ 대금상환
	□ 기타 (	)

커뮤니케이션 수단	□ 메일링리스트	□ 설문조사 · 이용자 의견 조사
	□ 뉴스레터	
	□ 기타 (	)

특 징	
회사명	
연락처 담당자(부서)	
연락처 전화번호	
연락처 이메일	

지 모르지만 되도록이면 그냥 넘어가지 않는 것이 좋다. 여러 개의 웹사이트를 돌아다니다보면 아무래도 정확하게 기억해 내기가 쉽지 않다. 나중에 그 사이트가 어디 있었는지를 찾아 헤매느라 고생하게 된다. 따라서 빼놓지 않고 웹사이트의 특징을 기록해 놓을 필요가 있다. 물론 특징을 잡아내기가 좀처럼 쉽지 않은 웹사이트도 있다. 그런 경우에는 과연 그것이 좋은 것인지 나쁜 것인지, 또는 특징을 정리하기 어려운 까닭이 무엇인지 등에 대해서만 사용자 입장에서 평가할 수밖에 없기 때문에, 자연스럽게 홈페이지의 결점을 찾게끔 되어 있다. 어쨌든 좋은 점은 본받고 나쁜 점은 타산지석으로 삼는다면, 자신의 홈페이지를 구축하는 데 큰 도움이 될 것이다.

웹사이트 평가는 어떻게 보면 시간과의 싸움이다. 앞에서 해본 계산에 의하면 15개의 웹사이트를 조사하는 데 5시간이 걸린다. 그러나 15~30개의 사이트를 평가한다고 해도 충분하다고는 할 수 없다. 계획성 없이 하다보면 결국 귀중한 시간을 낭비하는 결과를 가져올지도 모른다.

만일 마음이 맞는 동료가 있다면, 연구회를 결성하여 평가작업을 분담하고 결과를 공유하는 것도 좋은 방법이다. 흥미롭거나 도움될 만한 웹사이트를 발견했을 때 서로에게 알려준다면, 시간을 효율적으로 활용할 수 있을 것이다.

웹사이트 평가를 통해 얻어지는 정보는 여러 면에서 유용한데, 특히 공동전선을 구축하는 경우 어떤 웹사이트와 상호 링크교환을 할 것인가를 결정하는 데 도움이 된다. 한 가지 조심할 것은 라이벌과 파트너를 냉철하게 구별할 수 있는 안목을 갖추어야 한다는 점이다.

4. 서두르면 일을 그르친다.

인터넷 비즈니스는 선발경쟁?

인터넷 비즈니스를 B2B와 B2C로 구분할 때, 웹서비스를 통해 직접 소비자에게 상품과 서비스를 판매하는 '네트워크판매'야말로, B2C의 가장 기본적인 사업형태라고 할 수 있다.

네트워크판매는 점포가 필요없을 뿐만 아니라 소규모 투자로 시작할 수 있기 때문에, 최근 몇 년 동안 이 분야에 진출하는 기업이 급증하고 있다. 유력한 연구기관의 조사에서도, 일본에서만 이미 약 2만 개에 달하는 가상상점이 존재하고 있으며, 인터넷을 통한 상품 및 서비스 판매가 활발하게 일어나고 있다고 보고하고 있다.

일본의 인터넷 비즈니스가 미국에 비해 크게 뒤떨어져 있는 것은 사실이지만, 그래도 연간 억 단위의 매출을 기록하는 사이트까지 등장하고 있는 실정이다. 지금까지의 추진 전략에 잘못이 없는 기업이라면, 인터넷 비즈니스에 의해 수익을 실현할 수 있는 구조가 형성되고 있는 것이다.

소규모 투자로 고수익을 겨냥하는 네트워크판매는, 투자로 말하면 '옵션거래'와 같은 것이다. 자금부족을 겪고 있는 중소기업이나 개인업자의 입장에서는 눈이 번쩍 뜨일 만큼 호기를 제공하는 것인지도 모른다. 그렇지만 오로지 '적은 자금으로 시작할 수 있다'는 점만 믿고 뛰어든 기업은, 모조리 실패의 쓴잔을 마시고 있는 것이 현실이다.

현재 어느 정도 유지되고 있다고 판단되는 네트워크판매의 사례들은, 뚜렷한 양극화 경향을 보이고 있다. 즉, 한쪽에서는 풍부한 자금력을 지니고 있는 기업이, 충실하게 데이터베이스를 구축함으로써 규모의 경제를 실현하여 연간 억대를 넘는 매출을 기록하고 있고, 다른 한쪽에서는 대부분이 개인업체인 소규모 사이트들로서, 비록 월매출은 몇 백만 엔 대에 그치지만 그래도 흑자를 보고 있는 것이다. 그래서 일정 규모 이상이 되지 않으면 기업 입장에서는 사업성이 없는 만큼, 대부분 개인사업자와 그 가족이 먹고 살 정도로 소형화될 수밖에 없는 것이라는 견해도 제기되고 있다.

네트워크판매를 시작하는 것 자체는 간단할지 모르지만, 그만큼 더 경쟁이 치열해지는 것이기 때문에, 업계에서 살아남기란 결코 호락호락한 일이 아닌 것이다.

데이터베이스 활용형 네트워크판매

그렇지만 앞으로 네트워크판매 분야에 진출하려는 기업에게 비관적인 상황인 것만은 아니다. 필자가 보기에 현재 네트워크판매가 안고 있는 문제를 잘만 해결한다면, 얼마든지 성공의 길은 열려 있다. 그런 문제 중 하나로 데이터베이스 활용을 들 수 있다. 기존의 네트워크판매에서 데이터베이스를 충분히 활용했다고는 결코 말할 수 없을 것이다. 흔히 성공 사례로 인용되는 웹사이트의 경우에도, 불충분하다고 말하기보다는 거의 활용되지 않고 있다는 것이 보다 정확한 표현일 것이다.

웹사이트와 데이터베이스의 연계 필요성에 대해서는 누구도 부정하는 사람이 없다. 하지만 유감스럽게도 그것을 실천하기 위한 방법론이 아직까지 확립되어 있지 않은 것이 현실이다. 인터넷 자체가 아직 완성되지 않은 네트워크인데다가 통신 프로토콜도 계속해서 발전하고 있다. 따라서 데이터베이스를 활용한 네트워크판매에서 겪고 있는 시행착오는 초기 단계에서 나타나는 것에 지나지 않는다. 그런 만큼 최신 기술을 응용하는 등 독자적인 노력을 조금만 더하면, 일시에 선두그룹으로 부상하는 것도 불가능한 일은 아니다.

드물긴 하지만 자금 부족에도 불구하고 지혜를 짜내어 불리한 여건을 극복하고 성공을 거두는 사례도 등장하게 될 것이다. 하지만 비즈니스 세계는 해피엔딩이 그리 흔치 않는 곳이다. 아무리 지혜를 쥐어 짜낸다고 하더라도, 그것을 효과적으로 실천할 수 있는 자금이 마련될 때 비로소 성공을 거두는 경우가 압도적으로 많다.

과거의 사례를 보더라도 똑같은 말을 할 수 있다. '웹사이트를 구축하는 것'만으로 성공한 사례는 거의 없다고 해도 과언이 아니다. 비교적 성공적인 네트워크판매 사이트들을 보면, 설계할 때부터 많은 노력과 자금을 투입하고, 웹사이트를 구축하기까지 막대한 자금과 상당한 준비기간이 소요되는 것이 보통이다.

네트워크판매를 사업으로 발전시키기 위해서는 '일단 웹사이트를 만들고 나서 반응을 살펴보자'는 식의 안일한 발상을 처음부터 하지 않는 것이 좋다.

네트워크판매 사이트가 성공하기 위한 조건은 무엇인가? 또한 어떻게 데이터베이스를 구축해야 할 것인가? 적절한 투자규모는 어느 정도인가? 등의 문제를 해결하지 않고는 성공을 기대할 수 없다.

앞으로 인터넷 비즈니스에 진출하는 기업은, 걱정하기보다는 오히려 후발주자의 장점을 살려, 확실한 전략을 세워두지 않으면 안 될 것이다.

선발주자의 이점

미국에서는 인터넷 비즈니스 관련 기업이 속속 주식공개를 하고 있다. 큰 적자에도 불구하고 주가상승이 계속되고 있는 기업들도 적지 않다.

그 전형적인 예는 수익체증형 모델을 설명하는 부분에서 언급했던 아마존이다. 적자상태지만 꾸준한 매출신장, 다시 말해 신규고객이 증가하고 있기 때문에, 앞으로 높은 수익성이 실현될 가능성이 있다고 할 수 있다. 이것을 다른 말로 바꾸면, 투자자들이 네트워크 상의 브랜드가치를 평가하는 것이라고 할 수 있다.

실제로 어떤 투자컨설턴트는, 아마존이 보유하고 가치의 대부분은 인터넷 비즈니스로 쌓아올린 '이름값'에 대한 평가라고 말하고 있기도 하다. 네트워크 상에서 최고의 브랜드로 입지를 굳힐 수만 있다면, 그것이 절대적 가치를 지닌다는 의미로 생각할 수 있겠다.

필자도 같은 생각을 지니고 있는데, 일본에서도 그것을 입증할 만한 현상이 전개되고 있다. 예로서 인터넷서비스업계를 들 수 있다. 필자가 인터넷을 처음 접했을 때만 하더라도 벤처기업이라 할 수 있는 서비스 프로바이더만이 눈에 띄는 정도였다. 지금은 알고 있는 사람이 별로 많지 않을 벡코아메(BEKKOAME INTERNET Inc.)도 그런 회사 중 하나다.

그런데 인터넷 이용자의 저변이 크게 확대되면서, 프로바이더가 급증하여 초보자로서는 어떤 회사를 선택할지 고민할 정도가 되어버렸다. 그래서 그런지 보통 잡지에 눈에 띄는 광고를 자주 게재하거나 친구가 서비스를 가입하고 있는 회사로 결정하는 모양이다. 현재 가입자 수에서 상위에 랭크되어 있는 프로바이더를 보면, 대기업이 과점하고 있는 양상을 나타내고 있다.

미국의 인터넷 쇼핑몰도 크게 다르지 않다. AOL의 쇼핑몰 사이트는, 1999년도 크리스마스 시즌에만 50억 달러가 넘는 매출을 기록한 것으로 분석되고 있다. 인터넷 초보자가 안심하고 쇼핑할 수 있는 사이트를 스스로 찾는다는 것은 여간 어려운 일이 아니다. 대신 아메리카온라인의 쇼핑몰에 접속하면 간단하게 해결된다. 결국 이런 이야기가 입에서 입으로 전해진 결과, 사상 최대의 매출을 기록하게 된 것이다.

지금까지의 내용을 정리하면, 인터넷 비즈니스에서 성공을 거두기 위해서는, 가장 먼저 신출해야 하는 것은 물론이고, 타사의 추종을 불허하는 확고한 브랜드를 만들어 내지 않으면 안 된다는 말이 된다. 과연 이것이 진실일까?

후발주자에게도 승산은 있다

필자는 결코 그렇지 않다고 생각한다. 선발주자들이 강력한 브랜드를 거의 확립해 가고 있는 것은 확실하지만, 반면에 그것을 위해 막대한 비용을 들이고 있는 것 또한 사실이다. 아마존의 경우에도 서적부문에서만 겨우 경상이익이 흑자로 전환한 정도이고, 전체적으로 보면 적자가 놀랄 만한 속도로 증가하고 있는 실정이다.

아마도 아마존과 같은 비즈니스 분야에 진출하여, 아마존을 능가하기란 좀처럼 쉽지 않을 것이다. 적어도 아마존이 투입한 만큼의 비용을 투자하지 않는다면, 애당초 승부가 되지 않는다. 그러나 업계 최고가 되는 것만이 기업의 전략은 아닐 것이다. 선발주자가 범한 시행착오를 통해 배우는 것도 많이 있다. 비록 후발주자지만 어떻게 자리매김할 것인지를 분명하게 정하기만 한다면, 충분히 성공할 가능성이 있다. 이용자가 급속히 확대되고 있는 인터넷 시장에서, 특정 상품 카테고리를 한 회사가 독점한다는 것은 있을 수 없는 일이다.

역시 관건은 신규고객 창출을 위한 비용뿐만 아니라 기존고객을 유지하는 데 소요되는 비용을 어떻게 하면 절감할 수 있는가에 달려 있다. 선발주자는 사업 초기에 이미 하드웨어와 회선 등에 대해 상당한 투자를 해왔기 때문에, 신규고객 1인당 유치 비용은 매우 높을 수밖에 없다. 향후 고객유지를 위해서도 힘을 기울이게 되겠지만, 기존 시스템을 신규고객 유치에 중점을 두고 개발했기 때문에, 고객유지를 위한 시스템으로 전환하는 준비가 미흡할 것으로 짐작된다.

EMA 등의 마케팅 도구가 실용단계의 수준에 도달하기까지는 아직 시간이 걸리겠지만, 후발주자는 이런 최신 기술을 초기단계부터 저렴한 비용으로 도입할 수 있다는 커다란 이점이 있다. 언제라도 아차하는 순간에 후발주자가 역전의 드라마를 연출하게 될지도 모르는 일이다.

언론매체의 활용 방법

이제 막 인터넷 비즈니스의 문을 두드린 후발주자가 해결해야 할 과제로는 어떤 것들이 있을까? 여러 가지가 있겠지만, 그중 한 가지는 '니혼게이자이(日本經濟新聞)에 보도되는 것'이라고 필자는 감히 말하고 싶다.

니혼게이자이 조간을 펼치면 반드시 인터넷 비즈니스 관련 기사가 게재되어 있는 것을 발견할 수 있다. 사업이 궤도에 오르면 잠자코 있어도 먼저 취재를 하겠지만, 문제는 사업을 시작할 때 기사를 싣는 것이다.

기자가 취재를 해서 기사를 작성한다는 것쯤은 상식에 속하는 일이다. 하지만 기사거리에 대한 취사선택의 기준을 외부에서는 쉽게 알 수 없다. 기자와의 개인적인 친분이 없으면 기사로 다루어지기 어렵다는 것이 일반 사람들의 생각이다. 기자의 개인적인 인간관계가 기사 채택 여부를 결정하는 데 어느 정도 영향을 미치는 것은 분명하지만, 기자에게 있어 최대 정보원은 기업들이 제공하는 보도자료다.

기자는 매일같이 들어오는, 헤아릴 수 없을 만큼 많은 양의 보도자료

중에서 취재할 만한 가치가 있는 것을 짧은 시간 동안 판단한다.

아직 인터넷이 지금처럼 보급되지 않았던 무렵에는, 솔직히 말해서 경제부 기자 중에도 인터넷에 대해 정확히 이해하고 있는 사람이 드물었다. 명백하게 틀린 내용도 있었고, 기사거리도 되지 않을 정도의 기사가 적지 않았다.

하지만 그것은 옛날 이야기다. 오늘날 신문기자들은 인터넷 비즈니스에 관한 한 상세한 최신 정보를 웬만한 컨설턴트보다 훨씬 더 잘 알고 있다. 연일 계속되는 취재 덕분에 그만큼 눈이 높아진 까닭이다. 따라서 그들로 하여금 '이것은 참신한 비즈니스'라고 펜을 들어 기사를 작성하게 하려면, 보통 이상의 자극이 필요하다. 기자는 당신이 시작하려고 하는 인터넷 비즈니스의 참신성을 객관적으로 판단해 준다. 그것도 충분한 자격을 지닌 우수한 심사위원으로서 말이다.

지금처럼 다양한 비즈니스가 등장하고 있는 상황에서, 전혀 새로운 형태의 비즈니스를 생각해 낸다는 것은 불가능한 일인지도 모른다. 더욱이 신문기사는 특허처럼 완벽하게 새로운 것을 요구하지는 않는다. 그보다는 경제뉴스로서 게재할 만한 가치가 있는지의 여부를 최우선적으로 판단한다. 그렇다면 실제로 신문에서 다루어지는 기사는 어떤 것들일까? 그것은 매일같이 신문을 읽어보면 알 수 있디.

두 가지 정도 힌트를 말하면 다음과 같다. 기사로 다룰 만큼 매력을 느끼게 하는 키워드는 '최초'와 '해외기업과의 제휴'이다. '최초'라고 해서 굳이 '일본 최초'일 필요는 없다. 최근에는 공정거래위원회의 감찰도 있어서 그런지는 몰라도, 오히려 그런 표현을 피하는 경향이 있다. '업계로서 최초'라든가 '일본에서는 드문' 정도로 쓰는 것이 적당하다.

또 하나의 키워드 '해외기업과의 제휴'는 조금 절박한 순간에 사용할 수 있는 조커와 같은 표현이다. 제휴라는 것에 대해 그리 심각하게 생각할 필요는 없다. 단순히 판매대리점이 되는 것도 일종의 제휴라고 할 수 있다. 다소 부풀려서 '실리콘밸리의 인터넷 관련 기업 A사와 동사제품의 일본판매에 있어서 제휴하기로 합의했다'는 식으로 표현하면, 제법 눈길을 끌 수 있을 것이다. 허가를 얻은 상태에서 그 회사의 CEO가 직접 보낸 이메일을 인용하면 더욱 효과적일 것이다.

새삼스러울 것이 없는 비즈니스모델이라고 해도, 잘 궁리하면 얼마든지 매력적인 보도자료를 만들어 낼 수 있다. 그렇다고 이것만 잘하면 된다고 오해하는 것은 곤란하다. 필자가 말하고자 하는 것은 어디까지나, 인터넷 비즈니스를 새로 시작할 때 언론매체를 통한 홍보가 성공을 가늠하는 중요한 시금석이 된다는 점이다. 잘만 하면, 돈 한푼 들이지 않고 최대의 선전 효과를 거둘 수 있는 것이다.

역으로 기자의 관심을 전혀 끌지 못하는 비즈니스라면, 앞으로 어떻게 될 것인지 구태여 설명할 필요가 없을 것이다.

보도자료 작성 요령

인터넷 비즈니스를 시작하는 사람이라면 당연히 매스컴에 보도자료를 보낼 것이다. 만일 운이 좋다면 직접 취재를 나와 다음날로 활자화될지도 모르는 일이다.

물론 그렇게 되려면 사전준비가 필요한데, 별다른 게 아니라 비용은 하나도 들이지 않고 단지 보도자료를 잘 작성해 두는 것, 그것이 전부다.

보도자료란 간단하게 말해서 '기사의 토대가 되는 원고'라고 생각하면 된다. 발표내용에 따라 달라지겠지만, 보도자료 자체는 아무리 많아야 2~3매를 넘지 않는 범위에서 워드프로세서로 작성하는 것이 상례다.

인터넷 비즈니스에 관한 기사는 대체로 경제부(신문사에 따라 정경부가 되기도 한다) 담당인데, 여하튼 그들은 정말 바쁜 사람들이다. 따라서 이해하기 어려운 기술적인 부분에 대해 구구절절이 설명을 늘어놓는 것은 오히려 역효과를 가져올 수 있다. 일목요연하게 요점을 정리하는 것이 바람직하다.

보도자료가 작성되면 언론사에 보내야 하는데, 팩스로 전송하는 방법도 있지만, 특별히 아는 기자가 없다면 우편으로 보내는 것이 좋다.

보도자료를 보내는 데에도 약간 번거롭기는 하지만, 효과를 높일 수 있는 방법이 있다.

먼저 보도자료를 발송하고자 하는 언론사에 전화를 걸어 담당자의 이름을 확인한다. 인터넷에서 이러저러한 참신한 비즈니스를 시작했다고 간단하게 설명하고 나서, '보도자료를 보내 드리려고 하는데, 어느 분께 보내면 되겠습니까?' 하고 물으면 대개는 담당자 이름을 가르쳐 준다. 이런 물음에는 익숙해져 있기 때문에, 안내데스크의 여직원이라 할지라도 정확하게 일러줄 것이다. 운이 좋으면 곧바로 담당기자와 연결되기도 한다. 그때는 상대방의 사정을 고려해 간단하게 통화하는 것이 좋은 인상을 남긴다. 훗날 '저번에는 전화로 실례가 많았습니다. 근처에 볼일이 있어 지나던 길에 인사차 들렀습니다.'라고 예의를 표하면 금상첨화다.

그렇지만 거듭 강조하건대 아무리 치장한다고 하더라도 보도자료의 완성도가 떨어진다면 무시될 수밖에 없다. 그들은 문장에 관한 한 프로들이기 때문에, 한두 개의 오자·탈자만 있어도 치명적인 결과를 초래할 가능성이 높다. 그런 보도자료를 보는 것만으로 우선 기분이 나쁠 것이다. 그렇게 되면 취재는커녕 나중에 아무리 잘해도 소용이 없게 되는 참담한 결과를 빚을지도 모른다.

보도자료를 잘 쓰려면 어떻게 해야 할까? 확실하게 말할 수 있는 것은 보도자료가 영업용 팜플렛이 아니라는 점이다. 자사 상품과 서비스의 특징을 설명할 필요는 있지만, '선전'이 되어서는 곤란하다. 어디까지나 뉴스의 소재로서 사실을 객관적으로 표현하지 않으면 안 된다.

또한 경제관계 뉴스이기 때문에, 매출목표, 이익목표 등의 수치를 정확하게 적는 것이 좋다. 물론 어디까지나 목표이므로 정하기 나름이겠지만, 조금만 과장하더라도 기자의 눈에는 곧장 간파당하기 마련이다. 너무 목표를 축소하는 것도 기사로서의 가치를 떨어뜨릴 수 있으므로 주의해야 한다. 아무튼 기자에게 최대한의 성실성을 보여 주는 것이 최선이다.

말하기는 쉽지만 막상 좋은 보도자료를 쓰려면 많은 연습이 필요하다. 연습을 위해서는 경제면의 기사를 모방하여 써보는 것도 좋은 방법이다. 그러면 어떤 흐름으로, 또한 어떤 관점에서 기사가 작성되는지를 파악할 수 있을 것이다. 요컨대 기자의 관점과 독자의 시각을 이해하는 것이 중요하다. 하나도 고치지 않고 그대로 기사로 옮겨놓아도 전혀 손색이 없는 보도자료를 쓸 수 있다면, 그 이상 바랄 것은 없을 것이다.

하지만 처음부터 완벽한 보도자료를 기대할 수는 없다. 다만 이상적인 보도자료는, 그것을 읽고 기자가 정확하게 기사로 옮길 수 있어야 한다는 것 정도는 반드시 기억해 두는 것이 좋을 것 같다.

5. 실현 가능한 상장기업의 꿈

벤처기업시장 '마자즈'의 태동

1999년 12월 22일 토쿄증권거래소에서 벤처기업들을 위한 신규 주식시장 '마자즈(マザーズ, MOTHERS-Market Of The High-growth and EmerGing Stocks)'가 문을 열었다.

제일 먼저 상장한 회사는 인터넷총합연구소(インターネット總合硏究所)와 리퀴드오디오 재팬(Liquid Audio Japan)이다. 두 회사는 첫날부터 주문이 쇄도하여 최초상장가를 결정하는 데 적지 않은 곤란을 겪었다.

리퀴드오디오 재팬은 공모가 300만 엔으로 시작하여 24일 610만 엔으로 상장가가 결정되었다. 한편 인터넷총합연구소는 시장 출범 후 4일째인 28일이 되어서야 5,300만 엔으로 상장가가 정해졌는데, 이는 공모가 1,170만 엔의 약 4.5배가 되는 금액이다.

결국 1999년도 연말 납회 시의 주가는 인터넷총합연구소가 5,521만 엔, 리퀴드오디오 재팬이 649만 엔을 기록하였다.

주가의 타당성 여부에 대해서는 다양한 견해가 있을 수 있지만, 일단 대체로 무난한 출발로 여겨진다.

2000년에는 인터넷 비즈니스 관련 기업들이 속속 마자즈에 상장할 것으로 전망된다. 마자즈 종목에 투자하는 적극적인 기관투자가도 등장하는 등, 미국 나스닥이 주식시장 전체를 견인해온 것처럼, 일본 주식시장 활성화의 기폭제가 될 것으로 기대하고 있다.

마자즈에서 요구되는 '참신성'

마자즈 최대의 특징은 상장기준이 크게 완화되었다는 것이다. 창업한 지 얼마 되지 않은 벤처기업도 비교적 간단한 요건만 갖추면 된다.

마자즈는 기존 시장과는 달리 1, 2부 시장이 없는 대신, 한 가지 새로운 상장기준을 정하고 있다. 그것은 바로 '사업의 참신성'이다. 즉, 실적이 아무리 우수해도 구태의연한 비즈니스모델로는 상장기준에 미달하는 것이다.

뒤집어 말하면, 인터넷 비즈니스에 진출한 기업들은 사업 형태 면에서 참신한 경우가 대부분이므로, 결국 마자즈는 인터넷 비즈니스 관련 기업을 위한 주식시장이라고 말할 수 있을 것이다.

인터넷 비즈니스를 하고 있는 벤처기업 중에는 마자즈 상장에 대해 관심을 가지는 기업이 차츰 늘어나고 있다. 토쿄증권거래소에서도 각지에서 세미나를 개최하고, 마자즈 상장기준을 알기 쉽게 설명한 소책자를 제작, 판매하는 등, 신규상장 신청기업을 확대하는 데 적극적인 노력을 기울이고 있다.

한편 매스컴 역시 새로운 시장의 탄생에 매우 호의적인 반응을 보이고 있다. '적자라도 간단하게 상장할 수 있다'는 것이 지나치게 강조된 나머지, 주식공개를 너무 안이하게 생각하는 인터넷 비즈니스 사업가를 흔히 볼 수 있을 정도다.

그런데 마자즈의 특징이라 할 수 있는 '사업의 참신성'을 어필하는 것도 중요하지만, 그 이전에 법인사업체로서 기업공시를 할 수 있는 회계시

> 참신한 사업을 추진하며 성장가능성이 높은 기업을 대상으로 하고 있습니다.
>
> 1. 향후 성장 또는 확대가 기대되는 분야에 속한 사업을 수행하고 있어 성장 가능성이 높은 기업
> 2. 새로운 기술과 아이디어에 기초한 사업을 수행하고 있어 높은 성장가능성이 있는 기업

스템을 구비하지 않으면 안 된다. 구체적으로는 유가증권발행 실적보고서나 분기별 사업보고서 등 필요한 각종 서류를 작성할 수 있는 준비가 되어 있어야 한다.

요컨대 아무리 우수한 기술을 개발하고 있고, 패기에 찬 정예의 젊은 인력으로 운영되고 있는 기업이라 해도, 기업회계가 부실하면 주식공개와는 거리가 멀 수밖에 없는 것이다.

인터넷 비즈니스 관련 벤처기업의 경우, 전문 기술자들이 모여 창업하는 경우가 많을 것으로 생각되는데, 장차 마자즈 또는 나스닥재팬 상장을 처음부터 계획하고 있다면, 미리미리 회계와 재무 분야의 전문인력을 확보해 두는 것이 꼭 필요할 것이다.

주식공개의 길잡이

그러면 여기서 토쿄증권거래소의 마자즈 또는 나스닥재팬에 상장하려는 벤처기업가나 창업을 앞둔 사람에게 도움될 수 있는, 주식공개의 핵심 포인트를 잠깐 설명하고자 한다.

이미 거래가 시작된 마자즈를 중심으로 이야기하겠지만, 가까운 시일

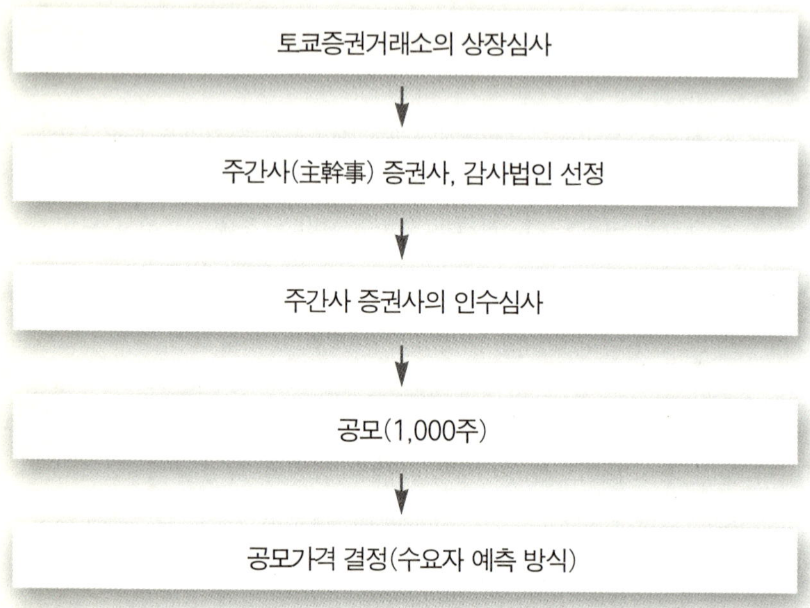

내에 그 모습이 드러날 나스닥재팬도 거의 비슷할 것으로 생각된다.

먼저 주식공개가 이루어지는 과정을 키워드로서 간단하게 설명하면, 위의 그림과 같다.

그림에서 보면 첫 번째 단계가 '주간사 증권사 선정'인데, 이 부분은 대단히 중요한 의미를 지닌다. 일반적으로 상장을 희망하는 기업의 경영자와 증권회사 사이의 협의는 증권사의 영업부가 담당한다. 그 다음은 증권사의 공개인수부가 주식공개를 위한 준비작업을 진행한다. 즉, 증권사의 공개인수부는 기업공개에 필요한 다양한 업무를 지원 하는 컨설턴트인 셈이다.

주식공개 준비가 완료되면 인수심사부에서 최종적으로 인수 여부를 판단하고, 심사 결과 합격판정을 받으면 증권거래소에 상장을 신청한다.

토쿄증권거래소에서는 주간사 증권사가 제출한 상장신청서를 기초로, 감사법인이 작성한 '감사개요서'를 참조하여 서류심사를 실시하고, 상장 가부를 결정한다. 그러나 마자즈의 경우 이것은 형식적인 절차에 불과하며, 증권사의 인수심사 결과를 대체로 따르고 있다. 중요한 상장기준인 '사업의 참신성'에 대해 판단하는 것은 결국 주간사 증권사의 '인수심사부'인 셈이다.

마자즈에서 규제하는 것은 공모주 발행 시 최저 1,000주로 제한하는 것 정도다. 수요자예측방식(Book Building)을 채택하고 있어, 사전입찰을 실시하고 그 결과에 따라 공모가격이 결정된다.

일본에서는 1982년도 상법개정에 따라, 발행주식의 1주당 최저액면가가 5만 엔으로 정해져 있다. 액면가 없는 주식 발행도 가능하지만, 그 경우에는 1주당 순자산액이 5만 엔 이상이어야 한다는 조건이 붙는다.

벤처기업의 경우 자본금과 발행주식 수가 적기 때문에, 공모가격이 어느 수준에서 결정되는지를 쉽게 예측할 수 없다는 문제가 있다. 일반적으로 시가발행의 경우에는 공모가의 절반 정도를 자본금으로 계산하는 데 비해, 입찰결과에 따라 공모가격이 크게 좌우되므로 향후 어느 정도로 증자를 해야 하는가를 사전에 알 수 없게 된다.

따라서 이런 문제는 주간사 증권사의 담당자로부터 의견을 구해야만, 상세한 내용을 알 수 있다.

어쨌든 주간사 증권사에게 상당 기간 수고를 끼쳐야 하는 것은 물론이고, 더욱이 주간사 증권사의 인수심사가 실질적인 상장심사를 겸하고 있기 때문에, 어떤 증권사를 주간사로 선정할 것인가 하는 판단이 무엇보다 중요하다. 특히 상장계획이 구체화된 후 안이하게 주식 명의를 바꾸는 등, 짧은 소견으로 '절세 대책' 같은 것을 세우거나 하면, 그것이 원인이 되어 상장신청이 지연될 가능성도 있다. 자본의 이동과 증자에 대해서는 사소한 것까지도 주간사 증권사의 공개인수부 담당자와 상의해 전문적인 자문을 받지 않으면 안 된다.

한 가지 덧붙일 것은 경영자의 '지명도'가 의외로 중요하다는 사실이다. 인터넷 비즈니스 관련 벤처기업의 경우, 사업가능성과 실적 등도 중요하지만 그것 이상으로 경영자의 지명도에 의해 평가되는 일이 많다고 생각된다.

조금 경박스럽게 표현하자면, 경영자가 유명인이 되기만 하면 주위로부터 '○○○을 상장기업의 대표이사로'라고 치켜세워지면서, 증권사나 벤처캐피탈도 자연히 주목하게 되는 것이다. 진정으로 기업공개를 목표로 하고 있다면, 그냥 가볍게 넘겨 버릴 수만은 없는 이야기다

두 사람의 야후 창업자는 카리스마를 갖춘 벤처 경영자로서 평가되고 있지만, 실제로는 확실한 연출가가 뒤를 받치고 있다. 야후의 PR 전문회사는 야후가 주목을 받게 되자, 미리 준비해 놓았던 100가지가 넘는, 두 사람에 관한 에피소드를 매스컴에 차례차례 알리기 시작했다. 그 결과 의도한 바대로 두 사람의 '전설'은 인터넷 비즈니스에 관심 있는 사람들 사이에서 널리 퍼져 나갔던 것이다.

그들의 PR전략은 당시 디렉토리 서비스라 불리웠던 야후의 사업내용보다 창업자 개인을 '유명인'으로 만드는 데 더 크게 일조했다.

인터넷 비즈니스는 하이테크로 승부가 결정된다고 볼 수 있다. 그렇지만 한 사람의 중심 인물에 의해 기업의 운명이 크게 좌우되는 측면도 없지 않아 있다.

앞으로 수 없이 등장하게 될 마자즈 신규상장 기업들이, 공모가를 훨씬 뛰어넘는 높은 상장가를 기록할 수 있는가는 어쩌면 경영자 자신에게 달려 있는지도 모른다.

후기

성공하는 '비즈니스모델'을 찾아서

1999년 후반부터 인터넷 비즈니스에 대한 일본기업의 대응 자세가 크게 변화하고 있는 것을 느낄 수 있었다. 무엇보다도 그 무렵 필자에게 의뢰해오는 상담 내용이 이전과 달리 구체적인 것으로 바뀌었다. 인터넷 비즈니스의 창업환경이 갖추어졌다고 판단하는 분위기도 한몫 했다. 아니면 어느 정도는 경기 회복의 영향으로 생각할 수도 있을 것 같다.

그리고 2000년은, Y2K문제라는 발등에 떨어진 불도 있고 해서, 일본에서도 인터넷 비즈니스가 본격적으로 전개되는 한해가 될 것이라는 기대가 팽배했다.

본문에서도 언급했지만 인터넷 비즈니스에는 다양한 비즈니스모델이 존재한다. 그 중에는 이미 미국에서 등장한 것도 있고, 일본에서만 볼 수 있는 것도 있을 것이다. 앞으로 인터넷 비즈니스에 진출하려는 기업에게 있어, 가장 중요한 것은 과연 어떤 모델을 '선택'할 것인가의 문제이다.

그 중에서도 제조업체는 물류 과정을 최적화하고 새로운 수익체증형 비즈니스모델을 구축하는 것이 바람직하다고 필자는 지적했다. 그러나 기존의 비즈니스모델을 변혁시키기 위해서는 엄청난 에너지를 쏟아 부어야 하는 것은 물론, 적지 않은 위험도 따르는 법이다. 위험을 무릅쓰고 변혁을 할 것인지 아닌지, 그것은 경영자가 판단해야만 하는 몫이다.

  인터넷 비즈니스로 인해 새롭게 대두하고 있는 비즈니스모델에 대해서는 아직 충분히 검증되지 않은 측면도 없지 않다. '해보지 않으면 모른다'고 생각하는 사람이 있는가 하면, '알고 나서 시작해도 늦지 않다'고 말하는 사람도 있다. 기업경영자로서 과연 어떤 입장을 취해야 할 것인지, 필자와 같은 제3자는 한 마디로 단정하기 어려운 일이다.

  다만 본문에서 강조했듯이, 인터넷 비즈니스가 단순히 수많은 신규사업이나 판촉수단 중의 '하나'가 아님은 분명하다. 인터넷 비즈니스에 발을 들여 놓는다는 것은 수익성 있는 구조로의 근본적인 전환을 의미한다. 심혈을 기울여 전력투구하지 않으면 성공은 기대할 수 없다.

  필자의 개인적인 견해에 불과하지만, 기술혁신이 가속화함에 따라 후발주자에게도 나름대로 큰 이점이 있다고 생각한다. 솔직히 말해서 한때 '늦게 진출하면 할수록 신규고객 유치 비용이 높아져 불리할 것'이라고 생각했던 적도 있었던 것이 사실이다. 하지만 최근에는, 비록 후발주자라도 지혜를 모아 신규고객 유치 비용을 획기적으로 절감함으로써, 한 번 해볼 만하다는 쪽으로 생각이 바뀌었다. 그 이유는 본문에서 이미 설명했던 대로다.

  시작하기도 전에 벌써 선발기업들이 시장을 과점하고 있다면, 진출 기회는 영원히 없는 것은 아닐까 하는 반론도 있을 것이다. 물론 비즈니스모델이 한정되어 있다면 그럴지도 모른다. 그렇지만 특정 비즈니스모델을 고집할 하등의 이유는 없다. 업종과 규모를 불문하고 기업이 채택할 수 있는 비즈니스모델은 다양하게 존재한다고 필자는 확신하고 있다. 시장상황을 관측해 가면서, 최적의 비즈니스모델을 찾아내는 지혜가 필요하다.

  비즈니스모델은 어떤 것이든 상관없지만, 일단 사업을 시작하면 스피드가 매우 중요한 성공 요소가 된다. '달리면서 생각한다'는 신조를 가진 사람도 있겠지만, 그렇게 하면 효율성만 떨어질 뿐이다. 출발하기 전에 충분히 생각해 두면, 달릴 때는 달리는 것에만 전념할 수 있다.

'조금 늦었다'고 생각하는 기업들은 때를 놓치지 않으려고 서두를 가능성이 높다. 그럴수록 급한 마음을 누르고 신중하게 사업계획을 수립할 필요가 있다.

젊은 경영자로 하여금 인터넷 비즈니스에 뛰어들게 하는 원동력은 무엇보다도 일확천금의 가능성이다. 기업가가 아닌 필자에게도 모험심을 불러일으키는 자극적인 테마가 아닐 수 없다. 그만큼 인터넷 비즈니스는 매력적인 대상이다. 2000년에는 일본에서도 훌륭한 인터넷 비즈니스가 다수 등장하여 전세계적으로 널리 알려지기를 기대해 본다.

2000년 2월 신간선 열차 안에서